Texto e Jogo

Coleção Debates
Dirigida por J. Guinsburg

Equipe de realização – Revisão: Vera Lúcia Belluzo Bolognani e Valéria
Cristina Martins; Produção: Ricardo W. Neves e Sergio Kon.

ingrid dormien koudela

TEXTO E JOGO

UMA DIDÁTICA BRECHTIANA

PERSPECTIVA

Dados Internacionais de Catalogação na Publicação (CIP)
(Câmara Brasileira do Livro, SP, Brasil)

Koudela, Ingrid Dormien
Texto e Jogo : uma didática brechtiana / Ingrid
Dormien Koudela. — São Paulo : Perspectiva, 2010.
— (Debates ; 271 / dirigida por J. Guinsburg)

3ª reimpr. da 1. ed. de 1996
Bibliografia.
ISBN 978-85-273-0082-7

1. Brecht, Bertold, 1898-1956 2. Jogos educativos
3. Jogos na educação artística 4. Peça didática 5. Teatro na
educação I. Título. II. Série.

96-2056   CDD-792.01

Índices para catálogo sistemático:
1. Brecht, Bertold : Peça didática : Teoria : Teatro 792.01
2. Jogos teatrais : Teoria : Artes 792.01

1ª edição – 3ª reimpressão
[PPD]

Direitos reservados à
EDITORA PERSPECTIVA LTDA.

Av. Brigadeiro Luís Antônio, 3025
01401-000 – São Paulo – SP – Brasil
Telefax: (0--11) 3885-8388
www.editoraperspectiva.com.br

2019

Ao Jan, companheiro nas horas difíceis.
À memória de Viola Spolin.
Ao Mestre, Jacó Guinsburg, serei sempre grata pelo longo diálogo na orientação dos meus trabalhos de pesquisa.
A Reiner Steinweg que introduziu o jogo com a peça didática na ECA.
Aos meus alunos, parceiros de jogo e participantes desse projeto coletivo de construção do conhecimento.

Escola de Estética

Para desenvolver o gosto nas crianças, é preciso que entrem em uma escola
especial onde possam fazer aquilo que se faz com a química nos laboratórios.
Elas devem ter máscaras, roupas e objetos para brincar. Elas devem ter
móveis para decorar quartos no cenário. Os móveis devem ser de boa e
má qualidade, as roupas de diferentes qualidades.
Elas precisam ter blocos de construção com peças de épocas diferentes,
entre as quais possam escolher. A partir de pequenos moldes devem apren-
der a planejar jardins e a fazer arranjos com flores artificiais.
Para a aula de música elas necessitam de gravadores, com fitas de tre-
chos de obras musicais. Elas devem aprender a fotografar e a fazer com-
posições, a moldar e pintar potes de barro. Elas necessitam de tipografias
para compor páginas de livros. De pastas com imagens kitsch. Precisam
ler poemas, e ouvir bons e maus oradores, em discos. Precisam de caixas
com objetos de uso nobre, talheres, cartas de baralho.

BERTOLT BRECHT

SUMÁRIO

INTRODUÇÃO 13

1. *O MALIGNO BAAL, O ASSOCIAL* – OFICINAS
   PEDAGÓGICAS COM O GRUPO DE
   FORMAÇÃO 21

   1.1. Sobre o Fragmento 21
   1.2. Caracterização do Grupo 23
   1.3. Descrição das Oficinas Pedagógicas 23
   1.4. Primeira Avaliação 46
   1.5. Segunda Avaliação 51
   1.6. Terceira Avaliação 53
   1.7. Considerações 55

2. *A EXCEÇÃO E A REGRA* – OFICINAS PEDA-
   GÓGICAS COM JOVENS 61

   2.1. A Avaliação doProcesso Pedagógico 61
   2.2. Caracterização do Grupo 63

11

2.3. *O Texto Utilizado como Modelo de Ação* ... 63
2.4. *Descrição das Oficinas Pedagógicas* 65
2.5. *Avaliação dos Jogos* 70
2.6. *Avaliação com os Jovens* 73
2.7. *Avaliação com os Coordenadores de Jogo* .. 75
2.8. *Considerações* .... ·78

3. *A PEÇA DIDÁTICA DE BADEN BADEN SOBRE O ACORDO* – OFICINAS PEDAGÓGICAS DE FORMAÇÃO PERMANENTE 81

3.1. *Sobre o Fragmento* 81
3.2. *Caracterização do Grupo* 83
3.3. *O Quadro de Brueghel como Modelo de Ação* 84
3.4. *O Jogo Popular como Metodologia* 88
3.5. *A Cena "A Segunda Investigação" como Modelo de Ação no Jogo Teatral* 90
3.6. *A Cena "O Exame" como Modelo de Ação no Jogo Teatral* 92
3.7. *Interpretações para as Relações Coro / Acidentado / Multidão* 95
3.8. *Depoimentos* 97
3.9. *Considerações* 98

4. O TRABALHO ALEGRE 101

4.1. *Carrossel e Planetário* 102
4.2. *Texto Literário e Texto Teatral* 104
4.3. *Perspectivas para uma Prática de Ensino e Aprendizagem* 107
4.4. *"De Nada, Nada Virá"* 108

5. A CATEGORIA ESTÉTICA DO JOGO TEATRAL COM O MODELO DE AÇÃO BRECHTIANO E SUA CONTRIBUIÇÃO PEDAGÓGICA 117

BIBLIOGRAFIA 129

INTRODUÇÃO

A peça didática na obra de Brecht nasce no conflito legal com a versão filmada da *Ópera dos Três Vinténs*. Brecht sente a necessidade de produzir arte distante da indústria cultural. O embate, iniciado nos tribunais de justiça, como um experimento para revelar a ideologia da indústria cinematográfica, gerou o *Lehrstück* – o *Learning Play* – como Brecht traduziu o termo para o inglês. Através da peça didática, Brecht propõe a superação da separação entre atores e espectadores, através do *Funktionswechsel* (mudança de função), do teatro.

Distanciando-se do *Apparat* (mídia), busca um novo público, fora da instituição teatral tradicional: alunos em escolas e cantores em corais.

A peça didática se diferencia da peça épica de espetáculo, que exige a arte da interpretação. Brecht sublinha que a principal função da peça didática é a educação dos participantes do *Kunstakt* (ato artístico). A peça didática en-

13

sina quando nela se atua e não através da recepção estética passiva.

O conceito de ato artístico é definido por Brecht ao dar sugestões para o ensaio aberto de *O Vôo sobre o Oceano*, em carta dirigida a Ernst Hardt (Steinweg, 1972):

> [...] estive refletindo sobre a radiodifusão do *Vôo sobre o Oceano*, principalmente sobre o ensaio aberto. Este poderia ser transformado em um experimento. Seria possível mostrar, ao menos oticamente, como tornar viável a participação do ouvinte no rádio. (Essa participação eu considero necessária para a realização do *ato artístico*.)

Em uma das primeiras observações sobre as peças didáticas (Steinweg, 1972), Brecht fala de *kollektive Kunstübungen* (exercícios artísticos coletivos):

> A peça didática, criada a partir de teorias musicais, dramáticas e políticas, visando exercícios artísticos coletivos, foi feita para o autoconhecimento dos autores e daqueles que dela querem participar. Elas não pretendem ser um acontecimento para qualquer pessoa. Ela não está sequer concluída. Portanto, aquele público que não está diretamente empenhado no experimento não deverá ter o papel de receptor, estando presente simplesmente.

O *gestus* do teatro é dirigido à platéia, sua parte mais reverenciada. Desde os ensaios iniciais até o aplauso, a arte do ator, diretor, cenógrafo, e a de outros artistas participantes da criação estética é dirigida à platéia. No exercício artístico coletivo não existe mais esse *gestus* do teatro – a platéia é participante do processo de aprendizagem.

> A imitação de modelos altamente qualificados exerce um papel importante, assim como a crítica a esses modelos por meio de alternativas de atuação (improvisação) bem pensadas (GW 7, 1024).

O conceito de *Handlungsmuster* (modelo de ação) é perseguido na presente pesquisa em duas direções, nas quais se torna relevante a partir de um ponto de vista estético, que pode ser relacionado com processos de aprendizagem:

– "modelo" como um exercício artístico coletivo que tem por foco a investigação das relações dos homens entre os homens.

– "modelo" como um texto que é objeto de imitação crítica.

Na recepção crítica da obra, a dramaturgia da peça didática foi desqualificada como esquemática, quando justamente a sua estrutura dramatúrgica possibilita aos jogadores alterar o texto e inserir conteúdo dramático próprio.

A peça didática é endereçada diretamente ao leitor, que passa a ser o ator / autor do texto. *Aquele que Diz Não* (1930) resultou de uma crítica de alunos que trabalharam com *Aquele que Diz Sim*. Um outro exemplo é *A Decisão* (1930), que suscitou críticas incorporadas por Brecht em 1931.

A revisão do texto é parte integrante das peças didáticas, sendo prevista pelo autor a alteração do texto dramático pelos jogadores. As peças didáticas geram método, enquanto modelos de ação para a investigação das relações dos homens entre os homens.

Histórico da Pesquisa

Os jogos teatrais (*theater games*) foram originalmente desenvolvidos por Viola Spolin (Spolin, 1979), com o fito de ensinar a linguagem artística do teatro a crianças, jovens, atores e diretores. Através do processo de jogos e da solução de problemas de atuação, as habilidades, a disciplina e as convenções do teatro são aprendidas organicamente. Os jogos teatrais são ao mesmo tempo atividades lúdicas e exercícios teatrais que formam a base para uma abordagem alternativa de ensino e aprendizagem.

Em *Jogos Teatrais* (Koudela, 1984), busquei a fundamentação teórica para os experimentos práticos, desenvolvidos naquele momento em São Paulo com crianças e adolescentes.

A definição de arte formulada por Langer é especialmente útil, porque propõe uma definição de criatividade, a partir de uma perspectiva estética. Para Langer, a "arte é

15

a criação de formas simbólicas do sentimento humano" (Langer, 1971).

Dentro de uma abordagem puramente psicológica, a expressão espontânea do sentimento permanece no campo da experiência real, enquanto Langer aponta para a prática da criação de formas simbólicas do sentimento. Nesse sentido, a arte não é uma extensão da vida, mas significa outra compreensão da realidade, abrindo caminho para um processo de conhecimento que nenhuma outra área pode fornecer.

Ao lado desse exame sobre a função do símbolo na arte, fez-se necessário estudar o seu desenvolvimento no comportamento da criança. Nesse sentido, a visão piagetiana foi de grande valia, na medida em que a função simbólica é aplicada à sua gênese (Piaget, 1975).

Estes fundamentos teóricos ajudaram a estabelecer a diferença entre jogo dramático (*dramatic play*) e jogo teatral (*theater game*). Nesse momento (a década de setenta), o acento do teatro na educação era muitas vezes fundamentado em um conceito de espontaneidade, compreendido como um processo de *laissez-faire*.

Em *Jogos Teatrais* discuto os trabalhos de Peter Slade (Slade, 1954), e Winifred Ward (Ward, 1947) e alguns documentos americanos (Shaw, 1968), que me permitiram chegar a uma visão crítica. Não pude encontrar nesses pioneiros do movimento Child Drama (Inglaterra) e Creative Dramatics (EUA) uma definição de teatro como processo específico de conhecimento, nem a discussão dos princípios educacionais sobre os quais esta linguagem artística estivesse fundamentada. Como conseqüência, introduzia-se uma dicotomia entre teatro e manifestação espontânea. Quando havia menção ao teatro, ele era geralmente visto de forma abstrata, ou através da negação de modelos tradicionais, substituídos pelo conceito genérico de "criatividade".

Filosofia

Os objetivos educacionais dos movimentos de Drama na Educação anglo-saxãos estavam ancorados, na maioria das vezes, na dimensão psicológica do processo de aprendizagem. Conteúdos específicos do teatro eram substituídos por objetivos educacionais amplos, que poderiam ser atingidos por qualquer outra disciplina do currículo escolar. Na sistematização da prática do jogo teatral era, por outro lado, possível divisar a construção de um método onde, longe de estar submetido a teorias, técnicas ou leis, o jogador se tornaria artesão de sua própria educação, produzida livremente por ele mesmo, embora dentro dos parâmetros de articulação de uma linguagem artística.

Quando Brecht traduziu o termo *Lehrstück* afirmou: "[...] o melhor equivalente em inglês que consigo encontrar é *Learning Play*" (Steinweg, 1972).

A ênfase é colocada na atitude ativa no processo de aprendizagem, se partirmos da oposição entre *Lehren* (*to teach*, ensinar) e *Lernen* (*to learn*, aprender). A tradução para o inglês também mostra a preocupação de Brecht com o princípio de jogo nesta nova tipologia em sua dramaturgia.

Brecht se refere ao jogo teatral *(Theaterspiel)* em um dos fragmentos sobre a teoria da peça didática, denominado *Teoria da Pedagogia*, escrito em 1930 (Steinweg, 1972):

> Os filósofos burgueses estabelecem uma grande diferença entre o atuante e o observador. Essa diferença não é feita pelo pensador. Se mantivermos essa diferença, então deixaremos a política para o atuante e a filosofia para o observador, quando na realidade os políticos deveriam ser filósofos e os filósofos, políticos. Entre a verdadeira filosofia e a verdadeira política não existe diferença. A partir desse reconhecimento, aparece a proposta do pensador para educar os jovens através do jogo teatral, isto é, fazer com que sejam ao mesmo tempo atuantes e espectadores, como é sugerido nas prescrições da pedagogia.

Brecht propõe dois instrumentos didáticos para o trabalho com a peça didática: o *modelo de ação* e o *estranhamento*. A peça didática não é uma cópia da realidade, mas sim uma metáfora. O caráter estético do experimento com a peça didática é um pressuposto para os objetivos de aprendizagem.

Em oposição a um processo de identificação e/ou redução do texto ao plano da experiência, que poderia ser

17

provocado pelo processo de *role-playing*, o objetivo da aprendizagem é a *historicização*:

[...] estranhar significa, pois, historicizar, representar processos e pessoas como históricos, portanto transitórios. O mesmo pode acontecer com contemporâneos. Também as suas atitudes podem ser representadas como temporais, históricas, transitórias (GW 15, 301).

O estranhamento, entendido como procedimento didático-pedagógico, através dos meios do jogo teatral, visa à construção do conhecimento que está prefigurado no modelo de ação.

Proposta do Experimento

O exercício artístico, propiciado pelo modelo de ação, propõe questões didáticas em muitas direções. Uma primeira questão que surge é sobre a educação do educador. Como pode ser introduzida a pedagogia do *Lehrstück*?

Esta questão se reveste de uma dupla complexidade, já que estamos lidando, por um lado, com a formação de professores / coordenadores de jogo e, por outro, com grupos (classes e platéias) em diferentes locais de aprendizagem (escolas, centros culturais etc.).

No primeiro capítulo, faço o relato da prática desenvolvida com o grupo de formação, na ECA / USP, em 1992.

No segundo capítulo relato o exercício artístico praticado pelo grupo de formação com jovens na Escola de Aplicação da Faculdade de Educação da USP.

No terceiro capítulo registro a prática com a peça didática, realizada dentro do projeto de formação permanente da FDE – Fundação para o Desenvolvimento da Educação do Estado de São Paulo.

No quarto capítulo analiso a contribuição pedagógica do Teatro Épico e faço o registro da prática desenvolvida na ECA / USP, em 1994.

Nas oficinas pedagógicas com o grupo de formação da ECA, trabalho com o fragmento *O Maligno Baal, o Associal*

(Brecht, 1968), sendo que a cena "As Duas Moedas" exerceu a função de modelo de ação no jogo teatral. Na oficina realizada com os jovens trabalhamos com a cena "A Água Partilhada" de *A Exceção e a Regra* e com o grupo de professores, na FDE, com as cenas "A Segunda Investigação" e "O Exame" da *Peça Didática de Baden Baden sobre o Acordo*. O quinto capítulo tem por foco o fragmento de Brecht "De Nada, Nada Virá".

Metodologia

Para Brecht

[...] a peça didática baseia-se na expectativa de que o atuante possa ser influenciado socialmente, levando a cabo determinadas formas de agir, assumindo determinadas atitudes, reproduzindo determinadas falas [...] não é necessário absolutamente que se trate apenas da reprodução de ações e atitudes valorizadas socialmente como positivas. Da reprodução de ações e atitudes associais também se pode esperar efeito educacional (GW 7, 1024).

Na prática da qual faço o registro no presente trabalho é possível verificar que o jogo teatral com o modelo de ação brechtiano instaura um processo interativo entre os participantes do ato artístico o qual revela um novo olhar frente às relações sociais.

A metodologia do jogo teatral é por mim fundamentada a partir da perspectiva interacionista, sendo que o quinto capítulo me fundamento no modelo epistemológico de Jean Piaget para conceituar a categoria estética do jogo teatral com o modelo de ação brechtiano e analisar sua contribuição pedagógica.

No jogo com a peça didática, é possível tomar como ponto de partida pequenas unidades dos textos de Brecht que servem como modelo de ação no jogo. O caráter épico dessa dramaturgia, que pode ser cortada com a tesoura, permite esse procedimento, sendo que às vezes pequenos fragmentos de algumas linhas constituem-se em modelo de ação.

Uma estratégia adotada para a coordenação das oficinas foi o procedimento "colado ao texto" (Steinweg, 1986). Na prática desenvolvida nas oficinas que o Prof. Dr. Reiner Steinweg ministrou na ECA, em 1989, as palavras do texto eram mantidas literalmente, sendo que a improvisação se desenvolvia no plano de ações e gestos, através dos quais as atitudes eram imitadas. O texto não era decorado. A cada nova versão, os participantes liam o texto.

Esse processo de apropriação do texto não visa perguntar, num primeiro momento, pelo seu sentido. Ao "brincar" com o texto, os jogadores permitem o livre jogo de associações, de imagens e significados que o texto provoca, sem se fixar em um único significado ou buscar uma mensagem / lição totalizante.

Com o objetivo de sistematizar a minha prática do jogo teatral com o modelo de ação brechtiano, através da presente pesquisa, foi realizado um registro mecânico do processo de aprendizagem, através da gravação integral das avaliações realizadas após cada jogo. Os comentários dos jogadores foram transcritos, sendo que a documentação que segue procurou ser a mais fiel possível, no sentido de refletir o encaminhamento do processo pedagógico.

No procedimento das oficinas, a cada novo encontro, um dos participantes ficava encarregado de fazer a síntese da discussão do processo por escrito, manifestando suas impressões e dando um depoimento sobre o trabalho realizado em grupo. Esse protocolo era lido em voz alta na oficina subseqüente, sendo que uma cópia era distribuída para cada jogador, que por sua vez podia introduzir correções e comentários.

Na descrição dos procedimentos das oficinas pedagógicas, os protocolos estão incorporados, auxiliando na configuração do trabalho para o leitor. Procurei, na medida do possível, fazer uma descrição a mais detalhada possível, para que essa metodologia pudesse ser posteriormente submetida à discussão.

1. *O MALIGNO BAAL, O ASSOCIAL –*
OFICINAS PEDAGÓGICAS COM
O GRUPO DE FORMAÇÃO

1.1. Sobre o Fragmento

O fragmento *O Maligno Baal, o Associal* (Brecht, 1968) compreende algumas poucas cenas desenvolvidas e uma série de esboços. Está relacionado com a peça épica de espetáculo *Baal* (1918 / 1919).

A cena "As Duas Moedas" tem íntimo parentesco com *As Histórias do Sr. Keuner* (O Garoto Indefeso) de 1930 (Brecht, 1989). É significativo que a pequena história do Sr. Keuner tenha sido incorporada por Brecht no fragmento. Ela provoca estranheza diante da maneira de agir do Sr. Keuner / Baal. Parecerá cruel e injusta.

Ao retomar a peça em 1930, como projeto para uma peça didática, Baal é colocado como equivalente ao Sr. Keuner. A característica associal de Baal, seu principal tra-

21

ço, não mais representa apenas uma agressão aos valores da sociedade burguesa ou um hino à liberdade anárquica. Ele não é tampouco denunciado pelo autor como papel negativo. O Baal da peça didática possui, tal qual o Sr. Keuner, objetivo e sabedoria. Por meio do comportamento associal de Baal, Brecht pretende desatar o nó para que pressupostos assentados desmoronem e se transformem em questionamentos.

É surpreendente a freqüência com que se encontra, nos escritos sobre a teoria da peça didática, o termo associal. As peças didáticas oferecem modelos associais, mas altamente qualificados, segundo Brecht.

Anotações no *Arbeitsjournal* (Brecht, 1973) demonstram que, dezoito anos após a publicação dos *Versuche* (Brecht, 1930), Brecht ainda se preocupava com o comportamento associal. Em 11 de setembro de 1938 escreve:

> Reli o *Baal* por causa da edição de obras completas. É uma pena. Sempre foi um torso. Ele foi mais tarde modificado várias vezes para as duas edições e encenações. Com isto o sentido se perdeu. Baal, o provocador, o admirador das coisas como são, aquele que gosta de viver e deixar que os outros vivam. Seu enunciado "Faça o que dá prazer" teria bom resultado se fosse elaborado. Pergunto-me se devo ocupar o tempo para fazê-lo (é preciso salientar: as peças didáticas de *O Maligno Baal, o Associal*).

Interessava a Brecht, portanto, retomar o projeto da peça didática, iniciado em 1930, que permaneceu sob a forma de fragmento. Em registro no *Arbeitsjournal*, a 4 de março de 1939, volta a se referir ao fragmento. O texto tem por título "Impulsos Associais":

> Hoje compreendi finalmente porque nunca consegui elaborar as pequenas peças didáticas sobre as aventuras de *O Maligno Baal, o Associal*. Pessoas associais são aquelas possuidoras dos meios de produção e outras fontes de renda. Como tais são associais, como também o são seus auxiliares e os auxiliares dos auxiliares, mas apenas como tais. É justamente este o evangelho do inimigo da humanidade, o fato de existirem impulsos associais, personalidades associais etc.

A perspectiva de 1939 é diferente daquela manifestada na época da publicação dos *Versuche* (1930). É possível que a orientação a partir do conceito de socialismo como uma *grande produção* em lugar de *grande ordem*, tenha levado Brecht a rever sua posição diante do fragmento.

Em uma anotação no *Arbeitsjournal*, em 7 de março de 1941, Brecht tece um novo comentário sobre *O Maligno Baal, o Associal*:

> O grande erro que me impediu de realizar as pecinhas didáticas de *O Maligno Baal, o Associal* provinha da minha definição de socialismo como uma "grande ordem". É preciso defini-lo, no entanto, de forma mais prática, como uma "grande produção". Produção deve ser entendida, naturalmente, no sentido mais amplo, e a luta é dirigida à libertação da produtividade de todos os homens e de todos os grilhões. Os produtos podem ser pão, lâmpadas, chapéus, peças musicais, partidas de xadrez, irrigação, beleza, caráter, jogos etc.

1.2. Caracterização do Grupo

A idade dos participantes variava de vinte e dois a vinte e sete anos, e o grupo era composto por dois rapazes e cinco moças, alunos do Curso de Licenciatura em Artes Cênicas da ECA / USP.

As transcrições das avaliações dos jogos com o texto da peça didática estão no corpo do presente trabalho, bem como os protocolos redigidos pelos alunos durante o processo. O nome dos alunos, nos depoimentos e diálogos dos quais fazíamos o registro, foram substituídos por letras do alfabeto. As instruções e questões propostas por mim, como coordenadora, foram assinaladas pelo sinal (–).

1.3. Descrição das Oficinas Pedagógicas

A disponibilidade do grupo para o trabalho prático é estimulada através de jogos populares, cujas regras e cantigas são facilmente aprendidas, possibilitando mudanças de ritmos e variadas intenções na fala e no gesto. No exemplo do Jogo do Nome:

Oooooooo meu nome é...
(roda pelo chão)

A vocês quero dizer
(pula feito sapo)
Oooooooooooo meu nome é...
(abre os braços num grito)
E o seu quero saber
(apontando para outro jogador)

Introduzo variantes nas regras do jogo:
– cantar o nome, regendo o coro dos parceiros
– caminhada no espaço: um dos parceiros enuncia um nome, todos os parceiros vêm cumprimentar aquela pessoa que enunciou o nome.

Quando esse jogo está se desenvolvendo com energia, proponho o foco nos gestos de cumprimento que nascem na interação, através das instruções:

Sem usar palavras. Mostre com o gesto!
Deixe o cumprimento nascer da relação com o parceiro!
Receba o cumprimento!
Construa, com seu parceiro, uma seqüência de gestos de cumprimento (em duplas) STOP!
Retome os gestos de cumprimento! STOP!
Retomar! STOP! Retomar!
Amplie o gesto!
Procure variar a velocidade do ritmo no andar!
Construa gestos de cumprimento, caminhando mais rápido!
Você cumprimenta muitas pessoas. Jovens, velhas. Foco no encontro!
Não force o cumprimento, seja cumprimentado!
Deixe acontecer!

As instruções são enunciados diretos, propostos pelo coordenador, enquanto o jogo está acontecendo. A função da instrução é promover as ações improvisadas, auxiliando o jogador a manter o foco no problema de atuação que está sendo trabalhado. Através da instrução, o coordenador estabelece uma relação de parceria com os jogadores que estão em cena. A partir do jogo do nome, as instruções me permitem introduzir o foco no gesto. Inicialmente, através da improvisação de gestos de cumprimento, meu objetivo é provocar fluência na expressividade. As instruções de STOP! introduzidas gradativamente, permitem a observação do gesto, para que ele se torne consciente. A seguir, peço para que os jogadores criem, em duplas, no seu próprio tempo, uma seqüência de gestos de cumprimento com foco na relação. Solicito a seguir que as duplas selecionem três cumprimentos que são mostrados para os parceiros. Vários gestos de cumprimento são criados, revelando QUEM são os jogadores e ONDE estão. Por exemplo, Chin e Chang (cumprimento oriental), um padre e uma gueixa, nobres em uma corte. Novamente os gestos são congelados através de um STOP! e lanço algumas questões para observação:

- Quem são eles?
- O que estão fazendo?
- Onde estão?
- Qual é o papel social de ...?

ou

- ... tem um papel social?
- Um ... cumprimenta da mesma forma que um ...?
- O gesto se modifica através da história?
- Uma atitude traduz um papel social?
- Podemos, através das atitudes, fazer uma leitura de um papel social?

Nesse primeiro momento, não há uma platéia formalizada. Todos os participantes estão em cena. A observação de gestos, iniciada a partir do STOP!, passa a ser intencionalmente construída pelas duplas, que selecionam três relações de cumprimento, mostrando-as para os parceiros. As questões colocadas para a observação dos jogadores introduzem os conceitos de *papel social, gesto, atitude.*

Com o objetivo de *fisicalizar* (Spolin, 1979) o conceito de gesto, experimento o seguinte procedimento:

25

Jogo do cego:

Um parceiro faz um gesto. Outro, de olhos vendados, procura identificar o gesto e moldar esse gesto em um terceiro parceiro, que também está com os olhos vendados.

Comentários dos jogadores:

> É difícil perceber a intencionalidade do gesto.
> Aquele que está sendo moldado procura descobrir e perceber a intenção daquele que está esculpindo.
> Aquele que está sendo moldado precisa estar disponível, procurar entender e perceber a intenção do escultor.

Jogo do Siga o Seguidor:

Peço que os jogadores formem duas fileiras paralelas para o trabalho em duplas. Proponho inicialmente o jogo de espelho, em que A é o iniciador e B o espelho.

A uma instrução minha inverte-se a relação. B passa a ser o iniciador e A o espelho.

Instruções:

Seja um espelho exato! Da cabeça aos pés!
Veja seu corpo inteiro no espelho!
A é o iniciador! B é o iniciador!
A! B! A! B !

Aos poucos, introduzo instruções que visam trabalhar com o princípio do jogo Siga o Seguidor:

Agora ambos são iniciadores e seguidores!
Jogue junto com o parceiro! Siga o seguidor!
Não deixe a platéia perceber quem é o iniciador!
Experimente gestos diante do espelho!
Experimente pentear-se diante do espelho!
E agora espremer espinhas!
Tomar um cafezinho!
Exagere! Leve o gesto até o fim!
Não interrompa nada! Deixe acontecer!
Trabalhe com a máscara do rosto!

Dedos! Lábios! Sobrancelhas! Nariz!
Mostre o gesto com o corpo todo!

Comentários dos jogadores:

O jogo do espelho possibilita construir gestos.

As atitudes não se perdiam, iam se transformando.

Quando criamos um gesto, também pensamos. Relacionamos gestos entre si.

Um gesto proporciona um conteúdo.

O gesto nasce de uma determinada parte do corpo.

No início, o gesto não era claro. Depois foi soltando, soltando... (foi ficando fluente).

Atitudes carregam motivos, emoções, impulsos.

Leitura do texto:

Sábia no Sábio é a Atitude

Veio conversar com o Sr. K. um professor de filosofia e lhe falou de sua sabedoria. Após algum tempo, o Sr. K. lhe disse:

"Você está sentado de forma incômoda." O professor de filosofia ficou bravo e disse: "Não é sobre mim que eu queria saber mas sobre o conteúdo daquilo que falei".

"Não tem conteúdo", disse o Sr. K. "Vejo que anda desajeitado e não há alvo que alcance. Você fala de modo obscuro, e não há clareza que, falando, crie. Vendo sua atitude, não me interessa o seu alvo".

A pequena história do Sr. Keuner tem a função de delimitar e sedimentar a questão que está sendo investigada – a relação entre gesto e atitude. O protocolo é lido no início da Oficina 2.

Protocolo:

Permaneceu na minha memória o quanto os jogos eram impregnados de atitudes do cotidiano. No jogo do espelho, por exemplo, o ato de espremer espinhas – a situação é comum e inusitada ao mesmo tempo.

Paro e fico refletindo sobre os meus gestos e minhas atitudes. Percebo que eles valem mais que mil palavras.

A percepção do gesto se dá inicialmente através de pequenos *insights*, verbalizados através de frases curtas. Os gestos nascem do cotidiano dos jogadores, através da sua imitação física no jogo teatral. A observação consciente dessa matéria – o gesto –, que estivera em estado pré-consciente, faz com que aos jogadores seja revelado o caráter semiótico da linguagem gestual.

Jogo com gestos a partir de provérbios e trava línguas: em círculo, gestos e falas são enunciados por um jogador.

> Deus escreve certo por linhas tortas.
> Quem ri por último, ri melhor.
> Quem cala, consente.
> O rato roeu a roupa do rei de Roma.
> Boca fechada não entra mosquito.

Variante em ECO: um jogador enuncia a frase, o grupo em coro, espelha o gesto e a fala.

> Mais vale um passarinho na mão do que dois voando.
> Em terra de cego, quem tem um olho é rei.
> Ladrão que rouba ladrão tem cem anos de perdão.

Mesmo procedimento, caminhando no espaço, exagerando e ampliando o gesto.

> Rosane, que coisa feia, vai com Collor pra cadeia.
> Não fique aí sentado, você já foi roubado.

Ditos populares, criados por ocasião do *impeachment* de Collor.

Jogo do Siga o Seguidor:

Em duplas, construir gestos e atitudes no espelho, com falas e movimentos simultâneos.

Instruções:

– Solte o som! Não prende o som!
– Foco na transformação!
– Deixe o braço ir para onde ele quer! O cotovelo!
– Ocupe o espaço! Deixe o movimento ocupar o espaço!
– Agora o movimento é em câmera lenta!
– Procure articular palavras junto com o parceiro!

28

A integração entre as duplas se dá no plano do jogo corporal. Aos poucos são esboçadas seqüências de movimentos que revelam integração, no plano sensório-corporal, entre os parceiros, através do jogo do Siga o Seguidor. Inicialmente, um dos parceiros propõe um movimento – é iniciador – e o outro imita. Aos poucos não existe mais um iniciador deliberado – as ações são iniciadas pela dupla simultaneamente. Algumas sílabas são articuladas a intervalos intermitentes e aos poucos é possível discernir palavras como SILÊNCIO / ÁGUA.

As Duas Moedas

Rua da periferia da cidade
Diante dos cartazes de propaganda de um cinema obscuro Baal encontra, acompanhado de Lupu, um garotinho que está soluçando.
Baal: Por que está chorando?
Garoto: Eu tinha duas moedas para ir ao cinema, aí veio um menino e me arrancou uma delas. Foi este aí (*ele mostra*).
Baal: (*para Lupu*) Isto é roubo. Como o roubo não aconteceu por voracidade, não é roubo motivado pela fome. Como parece ter acontecido por um bilhete de cinema, é roubo visual. Ainda assim: roubo. Você não gritou por socorro?
Garoto: Gritei.
Baal: (*a Lupu*) O grito por socorro, expressão do sentimento de solidariedade humana, mais conhecido ou assim chamado, grito de morte. (*Acariciando-o*) Ninguém ouviu você?
Garoto: Não.
Baal: (*para Lupu*) Então tire-lhe também a outra moeda. (*Lupu tira a outra moeda do garoto e os dois seguem despreocupadamente o seu caminho*) (*Baal para Lupu*).
O desenlace comum de todos os apelos dos fracos

(Brecht, 1968)

Jogos de apropriação do texto:

– caminhada no espaço. Leitura com o texto na mão (cada participante tem o seu texto) simultaneamente em voz alta, sendo que cada participante lê no seu ritmo.

– caminhada no espaço. Leitura simultânea, dialogar com outro parceiro. Identificar gestos no texto. Ler com diferentes intenções.

29

– em círculo: conversar com o texto. As palavras são arrancadas do contexto. Comunicar, aos parceiros no círculo, quem é o parceiro a quem dirigimos a palavra.

– em círculo: de costas para o centro. Escolher apenas uma frase / palavra. Repetir essa palavra / frase com diferentes intenções.

– cada jogador escreve a sua palavra / frase em uma cartolina branca, com pincel atômico.

Instrução:

Expresse o gesto através da grafia!

Avaliação dos jogos teatrais com o texto "As Duas Moedas" (em duplas):

1º Jogo:

RQ: Garoto

JE: Baal

Descrição da cena:

O Garoto está agachado no chão, encolhido. Parece frágil e indefeso. Baal, em pé, caminha à sua volta e recita as frases como se estivesse fazendo um discurso político (tom de demagogia e ironia).

Avaliação:

Platéia:

– Como era esse Baal?

LA: Ha ha ha, ele enganou o Garoto.
MJ: O Garoto ficou pasmo até o final.

Jogadores:

JE: Baal estava o tempo todo acima do Garoto. Não precisava roubar a moeda.

– Durante as avaliações é importante cada jogador descrever o que viu. A repetição também é significativa.

RQ: Eu pensei que Baal ia ficar do meu lado. Quando ele me roubou, até me perdi no texto.

Platéia:

MJ: Eu fiquei torcendo por Baal. O Garoto parecia um representante do povo. Era tão fragilizado que eu fiquei com raiva. Não era só Baal (o político) que era safado, o Garoto (o povo) também era. O Garoto era muito chorão.

KI: O Garoto fazia o papel de otário da história.

2° Jogo:

CI: Garoto

LA: Baal

Descrição da cena:

O Garoto, chorando, denuncia sua indignação pelo roubo para Baal. Baal permanece impassível. Friamente chama outro menino para roubar a segunda moeda. O Garoto briga e cai no chão.

Platéia:

– Como era Baal?

LA: Parecia *blasé.*
LU: Antipático, frio.
KI: Um policial.
JE: Um juiz.
RQ: Baal parecia aqueles professores em que a classe está na maior bagunça e ele continua no passo dele, no ritmo dele. O mundo está virando e ele está lá, no mesmo compasso.
JE: Podia estar o caos em volta e ele mantinha a mesma atitude.
MJ: Achei Baal muito cínico, malandro.

– E o Garoto?

MJ: Ele só perdeu a moeda porque na briga de força ele perdeu o medo.
KI: E fingido, né? (*risadas*)
RQ: Agora eu entendi! Foi uma briga. Eu pensei, nossa! Ele caiu duro. Agora é que entendi que ele brigou.

Jogadores:

CI: O Garoto estava tentando entender os fatos. Apoiava Baal.
LA: Baal teve dois motivos. Um era a atitude de jovem meio *blasé*. Mas depois mudou. Baal era policial. Tem a ver com a atitude desse professor que vocês descreveram.

No texto existem dois papéis – Lupu e o Garoto que roubou a primeira moeda – que não têm falas. O grupo decidiu experimentar o jogo com os quatro papéis em cena.

Avaliação com o texto "As Duas Moedas" (grupos de quatro jogadores):

1º Jogo:
(Iniciam a cena correndo pelo espaço, ao sinal de uma palma estatizam e o jogo inicia.)

RQ: Baal
MJ: Lupu
JE: Garoto
LA: Garoto que roubou a primeira moeda

Descrição da cena:
Rua da periferia da cidade. Lupu fica o tempo todo ao lado de Baal. O Garoto que roubou a primeira moeda toma o partido de Baal e Lupu. O Garoto é acuado pelos três, que estão em maior número, e procura aliciar o Garoto que roubou a primeira moeda para o seu lado, mas não consegue.

Platéia:
– Venceram o Garoto pelo número!

KI: Venceram (*risadas*). Engraçado que o Garoto começou com medo e depois estava saltitante. Os três foram se aliando de tal forma que, a princípio, o Garoto ficou com medo, mas depois...
CI: Eu tive a sensação que o Garoto estava sempre um pouco acuado. Eu não acho que ele perdeu o medo.

– Ele era ameaçado?

Isto é roubo!

Ninguém ouviu você?
Não.

Você não gritou por socorro?
Gritei.

LU: Lupu era um gângster. O Garoto que roubou a primeira moeda estava meio pairando, na órbita, como se fosse uma mosca. Baal procurava uma nova relação, menos ameaçadora.

Jogadores:

JE: O Garoto estava acuado, mas achava que podia sair por cima. Não tinha muito medo. Era instinto de sobrevivência naquela situação. Ele acabou vencido pelo número. Só foi vencido porque eles eram em maior número.

LA: Legal! Aquelas pessoas, as quais o Garoto que roubou a primeira moeda nem conhecia, estavam a seu favor. Resolveu ficar do lado delas. Na verdade, ele ganharia a moeda se não fossem tantos.

JE: O Garoto tentava alianças. Eram muitos contra ele. Queria que Lupu passasse para o seu lado, mas não deu certo.

MJ: Baal era o chefe da *gang*, o cabeça da turma. Mas Lupu pensava (*para o Garoto*) Você não está se tocando? Eu tenho uma gilete aqui e um canivete. Você não está vendo?

RQ: Lupu se mostrou muito forte, era o pé pesado de Baal.

2º Jogo:

LU: Garoto

KI: Baal

JE: Lupu

CI: Garoto que roubou a primeira moeda

Descrição da cena:

Baal se aproxima do Garoto, carinhoso e com curiosidade. O Garoto (*uma jovem mulher*) procura em Baal um aliado, contando-lhe o ocorrido. Baal investiga a situação e tece comentários com Lupu. Finalmente, instiga o Garoto que roubou a primeira moeda a roubar novamente.

Platéia:

RQ: Baal se aproximou, como se o Garoto fosse uma jovem mulher. Baal e Lupu estavam interessados na mulher. O Garoto confessou que tinha sido roubado. Que tinha entrado numa gelada. O Garoto rouba e é inocente?

MJ: A impressão que tive é que havia duas estórias. Baal, Lupu e o Garoto que roubou a primeira moeda estavam numa história, e o Garoto em outra.

LA: O Garoto que roubou a primeira moeda passou a ser vítima. O Garoto começou a ficar irritado com a situação. De vítima, passou a ser acusado de ladrão.

– Como era esse Garoto?

LA: O Garoto não era coitado, ele estava esperando para atacar ou se defender. Era um Garoto que já passou por muita mágoa. Ele não era um coitado!

Jogadores:

KI: Quando Baal se aproximou e viu a birra que o Garoto estava fazendo, ficou curioso. Mas parecia que o Garoto (*mulher*) queria dar o bote. O Garoto estava armado.
JE: Era um jogo armado.
LU: No final, Baal foi vencedor. Ele "tirou um sarro", "curtiu com a nossa cara".
CI: Primeiro, o Garoto era ameaçador. Mas depois ficou com medo. O Garoto (*mulher*) estava enfrentando uma situação limite.

A avaliação é realizada sistematicamente, após cada jogo, obedecendo a uma seqüência em que a platéia se manifesta antes dos jogadores, descrevendo objetivamente o que os jogadores mostraram. Os jogadores falam por último, fazendo comentários sobre o jogo. O foco da avaliação nasce das percepções que o jogo com o modelo de ação provoca.

Protocolo:

Nãããããããããão
Não disse:
Por medo,
Por insegurança,
Por sobrevivência,
Não para os outros,
Não para mim.
Reflito...
Tomo atitudes
Reflito...
Sábia no sábio é a atitude.

O que são palavras sem gestos?
Palavras se transformando,

Se acentuando
Através de gestos
De atitudes do outro,
Que se relacionam com os meus gestos,
Criando novas atitudes
Novas palavras.

Jogo da Poltrona:

O jogo, nesse dia, tem início com uma velha poltrona, que está na sala de aula. Proponho que experimentem várias formas de sentar. Através de instruções, introduzo variantes no ritmo da ação de sentar: rápido, em câmera lenta. Ao sinal de uma palma, os jogadores se alternam na poltrona. A ação de sentar foi revelando diferentes atitudes, transformadas em jogo. A intervalos, era introduzido um STOP! na atuação. Essa interrupção do gesto se revelou produtiva para a observação, gerando novo material gestual. A seguir, introduzimos o texto.

Instruções:

Os jogadores iniciam correndo e realizam a atividade de sentar e levantar da poltrona rapidamente, atravessando o palco.

– Lentamente, em câmara lenta!
– Mais leeentameeente!
– Procure perceber os momentos de parada durante o movimento!
– Procure perceber o corpo entrando em contato com a poltrona!
– Veja o gesto!
– Como ela se transforma no contato com a poltrona?
– Estabeleça contato!
– Foco no não-movimento!
– STOP!
– Veja a sua atitude física!
– STOP! Veja esse gesto!
– Mostre que está mostrando uma atitude!
– STOP! Continua!

– Deixe que os gestos se transformem!
– Deixe que a poltrona molde gestos no seu corpo!
– STOP! Foco na transformação do gesto!

Cada jogador, atravessando o espaço cênico, mostra, ao sentar na poltrona, QUEM ele é. Surgem uma sucessão de situações: menino dormindo, rapaz se espreguiçando, mendigo num banco de praça, criança mascando chiclete, modelo fazendo pose, *punk* que sai de cena debochando da platéia.

Protocolo:

Sentar-Poltrona.
Perceber e trazer à consciência a imagem que a atitude de sentar me sugere. Construo um gesto intencionalmente e estabeleço o contato, despertando meus sentidos. Estou atento! Congelo um gesto, minha pele responde, construo um novo gesto. Vejo tudo com um novo olhar. É importante a observação durante o jogo. Reflito sobre a atitude de olhar, gerada no momento do STOP! do corte que a Ingrid faz durante o jogo. É a consciência corporal de um gesto do cotidiano.

Protocolo:

Poltrona...
Era apenas uma poltrona, feia, rasgada, suja e desprezada, onde os corpos esbarravam, tomavam formas significativas.
Corpo-Poltrona
As formas do corpo na poltrona, a forma da poltrona nos corpos. Interações modelares: corpo-poltrona.
O fato de iniciarmos o jogo correndo foi ótimo porque me trouxe imediatamente a brincadeira e a prontidão / disponibilidade.
Tive surpresas na hora de ver e fazer os jogos: vi que é possível brincar com o texto, de uma forma diferente que não seja com técnicas de dicção, respiração etc.
Deixar acontecer é muito bom! Durante o jogo, eu senti confiança, permissão para jogar!
Tive um choque ao ver o Maligno Baal. Pensei na semana seguinte sobre a maldade, as atitudes associais. Surge então o teatro da crueldade.

....

Poderá parecer à primeira vista contraditório. Ao mesmo tempo em que se busca resgatar, no processo educacional, a liberdade de expressão sensório-corporal, essa espontaneidade é relacionada com o objeto da investigação do texto – a atitude associal. Num primeiro momento, a atitude associal é relacionada com "maldade" – a participante associa o processo de trabalho com o texto de Brecht com o "teatro da crueldade" de Artaud.

Três Mocinhos que Vieram da Europa.

Nesse jogo, formam-se duas fileiras, uma de frente para a outra, sendo que a primeira fileira – Coro 1 – se aproxima da segunda – Coro 2 – e durante o percurso canta os seguintes versos:

Coro 1: Somos três mocinhos que viemos da Europa.
Coro 2: O que vieram fazer?
Coro 1: Muitas coisas bonitas.
Coro 2: Então faz para a gente ver.

Os versos do jogo popular podem ser gradativamente substituídos por improvisações, na fala e canto dos coros que criam os seus próprios versos e músicas.

O Coro 1 mostra, através de gestos, um papel social, previamente combinado pelo grupo e o Coro 2 verbaliza o que está vendo, como em uma charada.

Quando o Coro 2 identificar o papel social, o Coro 1 corre, voltando para o lugar de saída. Aqueles que forem pegos (é um jogo de pegador) passam a pertencer ao Coro 2.

Protocolo:

O contato entre os jogadores, no jogo popular, é diferente do contato no jogo com o texto. O "mostrar que está mostrando" pode ocorrer mais facilmente no jogo popular.

O aquecimento com o jogo popular deu elementos para fazer o Garoto de maneira muito mais compreensível e concreta.

Jogo do Perseguidor e Protetor:

Cada jogador define para si mesmo (mentalmente) um parceiro que será seu protetor e outro que será seu perseguidor. Como no jogo do pegador, cada participante foge de quem o persegue e procura se aproximar de seu protetor. O protetor não sabe quem protege e o perseguido não sabe quem persegue. Dessa forma, cria-se uma charada, a princípio caótica, que vai ser decifrada no jogo.

Siga o Seguidor em Diagonais:

Formam-se duas fileiras nas duas diagonais da sala, que convergem para o centro. Os quatro jogadores que formam o núcleo são os iniciadores do jogo de espelho, realizado pelos parceiros nas extremidades das diagonais. Aos poucos, o jogo de espelhos se transforma em Siga o Seguidor.

Instruções:

– Seja um espelho exato, da cabeça aos pés!
– Procure acompanhar o movimento com sons!
– STOP! Aqueles que estão no núcleo vão para o final da fileira.
– Trabalhe com a máscara do rosto!
– Procure explorar os planos: alto, médio, baixo.
– Quando uma diagonal é séria, a outra é triste.
– Trabalhe com a oposição!
– Uma diagonal é branca, a outra é preta.
– Procure novas formas de oposição!

Novas formas geométricas são criadas pelo grupo, como por exemplo uma dupla fica no centro e os parceiros em volta, na forma de círculo ou triângulo.

– Procure definir gestos, dê um significado aos movimentos!

Inicialmente, os movimentos são aleatórios, nascendo a partir do livre jogo de associações, aos poucos vão se definindo gestos. Nascem gestos de ritual, reza, acenos de despedida.

40

Jogos Teatrais com o texto "As Duas Moedas":

Pré-planejamento da estrutura dramática: ONDE / QUEM / O QUE. O procedimento é "colado ao texto", sendo que a situação é improvisada com as palavras do texto, através da manifestação de gestos.

1º Jogo:

JE: Baal
KI: Garoto

Descrição da cena:

Baal entra com uma vassoura, limpando tudo, chão, paredes. O Garoto entra correndo, saltitando e agarrando as calças, como se quisesse ir ao banheiro. O Garoto corre de um lado para o outro, dá pontapés, parece muito ansioso, o corpo todo está tenso, principalmente as pernas, que estão coladas uma na outra, e o tronco, um pouco curvo para frente. Baal não parece estar preocupado com o que está acontecendo, continua limpando e repreendendo o Garoto.

Avaliação:

Platéia:

– Que idade ele tinha?

RQ: Adolescente...
LA: Não, tinha uns dez anos.

– Também pensei que tinha uns dez anos. O que eles estavam fazendo?

RQ: Baal estava limpando o banheiro...
LA: Ele não via a hora de acabar o expediente.
RQ: Baal estava agitado...
MJ: Baal parecia, essas senhoras simples, com experiência de vida. Possuía sabedoria.

– O que mais pudemos observar? Quem era o Garoto e quem era Baal ?

RQ: Baal era a faxineira.

41

– Qual era a relação entre os dois?

MJ: Baal era uma pessoa mais velha e o Garoto uma pessoa mais nova.

RQ: Respeito, existia respeito entre os dois... Baal (*faxineira*) estava aberta ao "fio" (*filho*) e o Garoto acatava, mesmo estando apertado para fazer xixi.

– O Garoto não podia ir ao banheiro? Teve que tensionar partes do corpo?

CI: A sensação era de ter levado um chute, e não a vontade de ir ao banheiro.

– Era física a opressão?

MJ: Parecia, no início, que Baal (faxineira) estava com pressa e o Garoto ia sujar o banheiro...

Jogadores:

KI: O "onde" era o banheiro do metrô...
JE: Os banheiros estavam fechados e estava na hora de Baal terminar o expediente. Tinha que "despachar" logo o Garoto, já havia limpado tudo.
KI: Havia normas, o Garoto tinha necessidade de entrar na cabine.
RQ: O Garoto fez cocô nas calças?
MJ: Eu acho que sim.
RQ: Era xixi ou cocô?
KI: Era tudo, o Garoto estava apertado...
MJ: No final Baal olhou para as calças do Garoto e falou: "O desenlace comum de todos os apelos dos fracos"...
KI: A gente tinha estabelecido o "onde" que era o metrô, o "o que", que era usar o banheiro, "quem" era a faxineira e o usuário.

2° Jogo:

MJ: Lupu
LA: Garoto
CI: Baal

Descrição da cena:

Os jogadores estão em cima de uma barra de balé que existe na sala de aula, próxima aos espelhos. Parecem limpadores de paredes e janelas de um edifício. Limpam vidros, esfregam parede com lixa, mas nota-se uma "desavença" com um deles que não está trabalhando, parece fazer "corpo mole" ou brinca, está com olhar distante...

Avaliação:

Platéia:

RQ: Parecia a gata borralheira, as três irmãs e ela...
KI: Pareciam três peões de obra...

– Pareciam três faxineiras, duas eram faxineiras e o Garoto era mais jovem... as duas estavam trabalhando. Veio o menininho, que "estorva"...

KI: Parecia que os três eram funcionários e o Garoto encostando o corpo, fazendo "corpo mole"...
RQ: Lupu jogava dos dois lados e o Baal era a CI.

– Qual era a relação entre eles?

JE: Tinha pontapé, tinha empurrão. Tinha um mais jovem que era o garoto e as outras duas que eram mais experientes, mandavam. Elas trabalhavam o tempo todo...

– O Garoto reagia, era meio matreiro. Ele "invocava" e enfrentava Baal e Lupu, depois mudou de atitude e resolveu "deixar barato"...

KI: Parece aquela situação quando a mulher está grávida e pode fazer o que for que não podem mandar ela embora (*riso*). Empregada grávida que o patrão não pode mandar embora, daí fica encostando o corpo... Parecia que o Garoto tinha uma arma contra todos...

Jogadores:

– Como foi? O que vocês combinaram?

MJ: Eram três peões em um andaime, Baal, Lupu e o Garoto. O Garoto não trabalhava.
LA: Era folgado... Baal comandava...
MJ: Lupu ficava "muito puta".

LA: O Garoto não se incomodava muito com Baal e Lupu. O Garoto se revoltava quando Baal e Lupu queriam que trabalhasse.

Protocolo:

Em roda no chão, discutimos o jogo da semana passada: QUEM / O QUE / ONDE com o texto. Na lembrança, coisas ditas, tais como:

A questão não é se Baal (por exemplo: a faxineira ou o motorista de ônibus) é bom ou mau, mas em que situação se encontra. Ampliamos a visão para a estrutura na qual aquele papel social está inserido. Discutimos a questão do associal. A discussão desafiava a construção de gestos e atitudes. Eu e LU experimentamos a questão levantada, anteriormente, da não comunicação. Tentamos exemplificar através de um cumprimento. Aos poucos, o grupo todo ia sugerindo modos e maneiras, até que o KI fez com que dois jogadores ficassem em continência. Dois soldados e dois generais se cumprimentavam, através de um aperto de mão. Foi uma construção muito clara, pois havia relação entre a atitude física de soldados e generais.

Em outro grupo, o político, com os braços e sorrisos abertos, fazia promessas a uma platéia que implorava ajuda. Esse político se transformou em senador (ou deputado) que havia acabado de sair de uma reunião sobre o *impeachment*. Muitos repórteres tentavam entrevistá-lo, e ele omitia informações. Foi significativo o gesto de recusa do político diante de mil gravadores e rostos ansiosos por respostas.

Aquecimento Visual:

– percepção do espaço (ambiente próximo, médio, amplo)
– percepção dos sons do ambiente
– registro das percepções

Instruções:

– Vamos deixar o texto repousar próximo de nós e observar o espaço onde estamos trabalhando?
– Comece a estabelecer uma relação com esse espaço. Perceba a diferença entre o espaço mais próximo e o espaço mais distante.
– Temos três níveis: o espaço mais próximo que é o próprio corpo em contato com o ambiente à nossa volta, o espaço médio que é a sala onde nos encontramos e o espaço amplo inclui o prédio, o gramado lá fora, o céu. Procure trabalhar com a percepção desses três níveis, perceber o que sente nesse momento em relação a cada um deles.

- Sinta a temperatura desse ambiente.
- Essa temperatura é idêntica à do espaço amplo?
- Procure trabalhar com a diferenciação de sons.
- Vamos experimentar de olhos fechados?
- Aos poucos, voltamos a abrir os olhos. Abra os olhos aos poucos, permanecendo por espaços de tempo cada vez maiores com os olhos abertos.
- Qual a diferença quando Você está de olhos abertos e de olhos fechados?

Protocolo:

Sentados, uns ao lado dos outros, vultos, suspiros, respirações, pernas que se cruzavam e descruzavam.

A presença, olhávamos para frente, através das empoeiradas janelas, onde um marimbondo revoava e uma barata chamava a atenção. Atrás, um gramado que se estendia com seu verde cortado por um círculo preto.

Chamava a atenção, no espaço mais amplo, uma construção onde homens trabalhavam embaixo do sol, construindo, talvez, as futuras janelas atrás das quais estaremos, daqui a algum tempo, espiando. Lá estavam eles, os trabalhadores braçais, e aqui estávamos nós, pensadores.

Os olhos se fecharam, os ruídos tomaram conta do espaço. A voz próxima da instrução da Ingrid nos guiava através do aquecimento visual. Pelas janelas entrava uma leve brisa, no gramado os passarinhos. Na construção, serras e estacas alucinadas.

O que foi se revelando, no desenvolvimento do processo, é que o princípio da consciência sensório-corporal gera uma atuação, no jogo, onde o gesto assume a concretude do sensível. Isto transparece na própria escritura dos protocolos.

Jogos Teatrais com o texto "As Duas Moedas":

1º Jogo:

MJ: Baal

KI: Garoto

Descrição da cena:

A cena se passa num escritório. Baal é um intelectual envolvido em livros. Têm livros por todos os lados, na ca-

45

beça etc. Fuma e escreve. O Garoto tem a atitude de um trabalhador braçal, empilhando caixas, fazendo muito barulho na mesma sala onde o intelectual trabalha. Baal ignora o que o Garoto faz, permanece concentrado em seu trabalho, dirige as falas ao Garoto sem desviar os olhos dos livros. O Garoto empilha incessantemente caixas e mais caixas (*cubos pretos de madeira*) à volta de Baal. Baal conclui a cena anotando a frase final do texto em seu caderno.

A observação e percepção corporal do espaço onde estávamos realizando o trabalho gerou o novo tema: a discussão do trabalho intelectual e do trabalho braçal. É importante observar que a discussão não nasceu de uma proposta meramente intelectual, mas está relacionada com a experiência.

1.4. Primeira Avaliação

Platéia:

– Quem era Baal?

RQ: Uma estudante, um intelectual...

– A atitude me pareceu a de um intelectual experiente. Os gestos eram muito marcados. O cotidiano do intelectual era escrever, ler, bater a máquina, fumar.

RQ: A atitude de avidez na vontade de escrever me lembrou um estudante.

– Através da interação existe transformação de atitude. Uma atitude gera outra atitude. Mas este Baal era incomunicável...

RQ: Ele não mudava a postura dele...
JE: Mesmo quando ele foi atingido fisicamente, ele continuou com a mesma postura...

– E o Garoto?

RQ: Era um trabalhador, mas não um trabalhador humilde. O Garoto era muito perspicaz, "sacava" o que aquele outro estava fazendo...

46

– Ele trabalhava fisicamente, era um trabalho braçal?

RQ: É que parece um trabalho mais sério, o intelectual não consegue modificar a atitude.

– A cena passou uma certa ironia em relação ao trabalho braçal?

JE: Havia um desprezo mútuo.

– Eu comecei a observar a carga de sofrimento que via nas atitudes do Garoto e comecei a comparar os movimentos que eu tinha visto lá fora na construção com os gestos de sofrimento do Garoto ao trabalhar. Precisamos investigar mais, perguntar como é que cada um percebeu... A atividade de trabalho é uma agressão física? Por que o Garoto mostrou tanto sofrimento através do seu gesto de trabalho? Como foi para os jogadores?

Jogadores:

KI: Engraçado que a proposta do jogo surgiu justamente desta discussão, das duas forças, da intelectual e da braçal. A gente começou a imaginar como seria a posição deles vendo a gente...

MJ: Não sei se era desprezo, é cada um na sua. Tudo começou quando, ouvindo os barulhos lá fora imaginamos – "Puta", que dureza esse sol... Quando eu passo nas plantações e vejo aqueles caras, no sol, carpindo. E quando eu falo isso para o meu pai, ele diz, eu amo estar lá na terra... Aí começamos a brincar... e se eles estivessem olhando para a gente, o que diriam?

KI: Esse bando de sem-vergonha fica olhando para gente, não faz nada, fica aí só pensando... (*risadas*).

MJ: Eles devem pensar assim: educação vem de berço.

KI: O negócio é trabalhar, é construir... Fatalmente eles diriam: por isso é que esse Brasil não vai para frente... (*risadas*).

MJ: Que fazer terapia que nada! Se quisessem trabalhar pegavam no pesado.

– E como profissionais de teatro? Como vocês entendem essa relação?

RQ: No vídeo que assisti no Instituto Goethe, os operários não tinham nem sindicato quando começaram a fazer o trabalho de teatro. A partir do trabalho de teatro foi organizado o sindicato, teve promoção, teve reivindicação. O teatro pode ser um trabalho formador...

RQ está se referindo a encenação de *A Exceção e a Regra* realizada na fábrica de Terni, na Itália, por Benno Besson.

– Como foi a percepção do espaço, dos três ambientes? O ambiente próximo é aquilo que eu toco, a mesa, os objetos, os meus óculos, o meu isqueiro, é um círculo. O ambiente médio é a sala onde a gente se encontra, o ambiente amplo é o espaço grande. Queria que vocês descrevessem quais foram as sensações, as percepções que tiveram com relação a estes três ambientes.

RQ: O ambiente próximo era frio e fechado (*a sala de aula*), o ambiente amplo tinha muito vento, sol e colorido. No espaço amplo havia formas, formas, formas e atrás mais formas (*prédios*).

KI: Engraçado que você dizia que os trabalhadores tinham alegria ali, no seu local de trabalho, que tinham uma relação de prazer. Lá fora parecia ser mais prazeroso do que aqui dentro.

– A nossa sala era um aquário e nós éramos os peixinhos? Nós somos aquele intelectual que a MJ mostrou?

MJ: Mas a questão do preconceito eu acho que existe dos dois lados... Você precisa do encanador.

KI: Se você carrega, por exemplo, bastante madeira, isto significa que você produz muito mais do que o outro que fica só pensando. A gente queria trabalhar justamente com esta relação de forças: a braçal e a intelectual.

MJ: No texto não existe o bem e o mal, mas existem as duas forças simultaneamente.

O objeto da investigação (a construção, os trabalhadores braçais) é simultaneamente motivo para o olhar sobre si mesmo.

Esse olhar sobre si mesmo, que aparece nessa avaliação, distancia tanto a realidade observada como a percepção de si mesmo. O movimento deste olhar distancia tanto o objeto da observação quanto o próprio eu. Nasce daí um transporte imaginário, que leva à formulação das frases que poderiam ser pronunciadas pelos trabalhadores na construção, os quais seriam hipoteticamente os observadores de nós mesmos, na sala de aula.

2° Jogo:

CI: Narrador

RQ: Baal

JE: Garoto

Descrição da cena:

A cena acontece em dois ambientes. Dentro da sala de aula onde nos encontramos e ao ar livre, no gramado em frente às janelas da sala, diante de uma construção. A platéia vê a cena (*lá fora*) por detrás dos vidros que estão fechados. Baal representa um símbolo abstrato.

O Garoto é um trabalhador braçal. Está suando. Faz o seu trabalho sempre perseguido pelo Garoto que o atormenta. Os operários na construção em frente param para assistir a cena. Por último, o Garoto (*trabalhador*) avança sobre Baal, usando a ferramenta de trabalho como lança e o derruba do pedestal (*banco*).

Transcrição do texto que nasceu no jogo teatral. O olhar sobre si mesmo aparece através do prólogo:

> *Narrador:* Protocolo do dia 24 de setembro.
> Diante de uma construção, e de algumas árvores, e de uma grama, e de uma janela e diante de nós mesmos. O aquecimento é visual. (*Mostra a foto de uma criança chorando, a cada membro da platéia.*)

A foto da criança chorando (que CI trazia consigo na carteira) é mostrada frontalmente para a câmera de vídeo. O espectador de vídeo participa do jogo do confronto consigo mesmo.

Esse prólogo, criado pelos jogadores, evidencia o olhar sobre si mesmo a partir de uma perspectiva distanciada. Dessa forma, também nós – a platéia – passamos a ver a cena (e o texto) com um novo olhar. Depois da fala do narrador e de ver a foto da criança chorando, também nós passamos a nos ver diante de nós mesmos.

A cena continua do lado de fora da sala de aula, onde nos encontramos. O Garoto está em pé, sobre um banco, os braços abertos. Sopra um forte vento lá fora e os cabelos de RQ parecem voar.

Baal: Por que Você está suando? Por que Você está suando?

O Garoto é um operário que passa a mão na testa e retoma o seu trabalho braçal com uma ferramenta.

Baal: Oh menino, responde!

O Garoto, que parecia estar se afastando, faz o sinal de OK! A platéia responde com o mesmo gesto, *idem* um operário na construção. Baal aproxima-se do Garoto, provocando-o. Ele o provoca através dos gestos e da voz.

Baal: Isto é roubo! Có có có có có Au au au au au Zzzzzuuunnn.

Canta e faz-de-conta que é galinha, cachorro, abelha. O Garoto permanece estático, apoiado em sua ferramenta de trabalho. Alguns passantes assistem a cena. O Garoto, depois de algum tempo, volta indiferente para o trabalho. Baal provoca novamente.

Baal: Você gritou por socorro?

O Garoto joga fora seu instrumento de trabalho e grita.

Garoto: GRITEIiiiiiiiiiiiiiiii……

Baal: Você gritou por socorro?

Em direção à platéia atrás dos vidros na sala.

Baal: Você gritou por socorro?

Baal, subindo no banco, em direção aos operários na construção. A essa altura, vai-se formando uma platéia espontânea, lá fora, entre os operários da construção.

Baal: Expressão de sentimento de solidariedade humana!

O Garoto se aproxima de Baal, empunhando a ferramenta de trabalho como se fosse uma arma. Aproxima a arma lentamente, até tocar o coração de Baal que cai na grama.

Baal: Grito de morte!

A arma continua ameaçadora. Baal se aproxima do vidro da janela da sala onde se encontra a platéia.

Baal: Grito de morte!
Narrador: É proibido dizer que isso foi legal!

A platéia, formada pelos jogadores que não estão em cena, vê o jogo que acontece lá fora no gramado, por detrás dos vidros das janelas, que estão fechadas. É necessário acrescentar o contraste que havia entre o grito "de verdade" do Garoto e a frase "Você gritou por socorro?" pronunciada por Baal em diferentes direções – para a platéia, para os operários na construção. O grito era naquele momento a expressão física da emoção de JE.

A atitude no jogo permanece distanciada. Quando Baal se aproxima do vidro da janela da sala de aula, onde nos encontramos, sua fisionomia traz estampada a máscara do sofrimento. No entanto, ao pronunciar as palavras do texto "Grito de morte!", é possível perceber claramente que o gesto é construído intencionalmente por RQ. É preciso ressaltar que durante o jogo que estamos descrevendo, o texto era continuamente consultado antes de dizer a próxima fala. Esse procedimento contribui para o estranhamento. Entre as falas ocorriam pausas de tempo que permitiam a construção intencional do gesto. O epílogo (*narrador*) ressalta essa atitude distanciada, através de sua frase final.

1.5. Segunda Avaliação

Platéia:

– De repente, fecharam a janela e mudou a nossa percepção sonora.

MJ: Nessa cena aparecia também o trabalhador braçal.

51

– Quem era RQ?

KI: Era o Baal.

MJ: Num momento ele me pareceu um político, quando o Baal começou a falar alto. Eu não sabia se estava falando alto para delatar à humanidade o que havia acontecido ou se estava usando do discurso para falar de algo que o incomodava.

KI: Um líder sindical.

– Alguém que protestava.

KI: Acorda, sai daí!

MJ: Foi ótimo quando Baal perguntou: "Você não gritou por socorro?" E o Garoto gritou de verdade.

– Foi muito interessante o texto que nasceu na atuação do narrador, porque era um texto onde cada palavra tinha um peso. O que CI dizia para nós?

KI: Protocolo no dia 24 de setembro. Diante de uma construção, de algumas árvores, e de uma grama, e de uma janela... e diante de nós mesmos.

– A narração criou um estranhamento através da fala, criou um prólogo. É como se agora passássemos (*a platéia*) a ver o teatro dentro do teatro...

KI: O aquecimento estabeleceu nossa relação com o ambiente próximo, o médio e o mais amplo. Na cena podemos reconhecer exatamente esta construção... A sala de aula (*platéia*) é o ambiente próximo, o médio, é a grama (*palco*) e a construção está no espaço grande, no ambiente amplo.

MJ: A narração lembrou o repórter contando um fato...

– E isto distancia o evento, nós vemos com outros olhos. Depois da fala do narrador e de ver a foto, também nós passamos a nos ver diante de nós mesmos.

KI: A foto trazia uma carga emocional porque era a foto de uma criança chorando...

MJ: O Garoto me lembrou o jovem camarada de *A Decisão*. A relação se estabeleceu entre a imagem da criança e do homem que mata. O trabalhador (*Garoto*), em sua atividade de trabalho, aparentemente incapaz de violência, acaba por cometer um assassinato.

– Os gestos eram grandes, eram exagerados e essa ampliação nasceu da necessidade de comunicação com a platéia que estava atrás do vidro (*janela*).

KI: Os jogadores conseguiam comunicar-se com a construção, que estava distante. Acho que houve uma comunicação com os trabalhadores na construção, quando Baal abriu os braços e disse: "o grito por socorro, expressão do sentimento, solidariedade humana, também chamado grito de morte".

MJ: A relação foi sendo construída. Nasceu uma platéia natural.

– Uma platéia não convencional... E como foi para os jogadores?

Jogadores:

RQ: Sentindo o espaço lá fora, o gesto surgiu do vento, de repente o vento era tão bom que o meu gesto abriu, a relação com o espaço me fez sentir um Deus...

JE: Baal era um Deus, representava tudo isto que foi dito: o político, o patrão, que eu acabei "endeusando". A intenção do Garoto era de matar este Deus... RQ falou muito do som, engraçado que para mim foi a temperatura. Quando resolvi fazer o Garoto, comecei a observar o gesto deles (*trabalhadores*) com relação a esse sol, com relação a esse clima, com essa temperatura. Tinha um que ficava com a camisa aberta, tinha outro que ficava o tempo todo se coçando...

– Você queria matar Baal?

JE: Não, aconteceu durante o jogo. Ela estava me atormentando muito... Surgiu a vontade de matar... tudo que ela simbolizava. Ela era um símbolo para mim...

RQ: Baal era um símbolo. Baal não era uma pessoa. A intenção não era de político.

– Esse símbolo era, ao mesmo tempo, muito concreto para nós, através da atitude corporal.

1.6 Terceira Avaliação

– Como foi trabalhar com esta cena nas oficinas pedagógicas? O que significou isto para cada um de vocês?

RQ: O jogo acontecia... imprevisível. O que mais me intriga nos jogos é o que vai acontecer na relação entre os parceiros.

LU: Não havia aquela ânsia de recitar o texto, as palavras se revelavam através do jogo.

– E o significado das palavras do texto?

RQ: No jogo onde escrevemos frases do texto, mostrando o gesto através da grafia, cada um teve a sua grafia e cada grafia mostrava um gesto diferente. As palavras carregam um sentido imediato mas a gente pode também transformar o seu conteúdo. As palavras se transformam.

– O texto é uma estrutura aberta? O que diferencia o texto da peça didática de Brecht de outros textos dramáticos?

MJ: Ele tem um começo, meio e fim.

– Ele tem uma história?

RQ: Não uma história, mas eu não preciso de um texto anterior ou posterior.

– Você está se referindo ao caráter épico dessa dramaturgia, quer dizer, uma dramaturgia que pode ser cortada com a tesoura, é possível separar uma cena da outra, cada cena vale por si mesma...

MJ: Não é como o velho teatro da identificação, como diria Brecht. Você não vê o Garoto como bom ou como mau, você não vê o Baal como bom ou como mau, você começa a ver os dois lados das coisas...

RQ: Na semana passada eu me perguntava: o que acontece com esta moeda... o que acontece com o desenlace comum de todos os apelos dos fracos?

– E qual é o desenlace comum de todos os apelos dos fracos?

RQ: Ele varia em cada jogo...
LU: Varia em cada contexto social.

– Que aprendizagem houve através desse processo?

RQ: A contradição, a dialética... Quando você se coloca uma contradição, ela te faz pensar, você estranha uma atitude e começa a refletir.
LU: Para mim foi enxergar esta atitude associal nas pessoas em geral, que todo mundo tem em menor ou maior grau.

LA: Foi interessante que além de enxergar nas pessoas as atitudes associais, as atitudes contraditórias, eu comecei a reparar muito nas minhas atitudes contraditórias. Eu dizia uma coisa e os meus gestos significavam outra. Por isso, aquele texto do Sr. Keuner foi muito marcante, "Sábia no Sábio É a Atitude"... Houve um momento em que comecei a sacar as atitudes dos outros e eu ficava muito revoltada. Aí eu comecei a repensar as minhas atitudes perante essas pessoas. Será que eu não estava induzindo-as a terem esse tipo de atitudes comigo? Comecei a ver o texto por vários ângulos e para mim foi bom porque eu tive um amadurecimento. Esse amadurecimento foi importante para mim.

– No jogo a gente tem o espaço de experimentação dessas atitudes associais, de investigá-las?

LA: Eu experimentava atitudes nos jogos. Tem coisas que a gente não se permite muito e no jogo eu me permiti... como ser bom, ser malvado, ser folgado.

– E nem é aceito socialmente porque é uma transgressão, não é?

MJ: Eu achei superlegal essa maneira de trabalhar com o texto. Se escolhêssemos outro texto, já existiria um procedimento para trabalhar.

– Além do trabalho mais direto com o texto, trabalhamos com jogos. Como se deu essa combinação entre jogo e texto?

JE: Eu gostei muito dos jogos que introduziam o trabalho com o texto. Os jogos tradicionais, o jogo da poltrona, o aquecimento visual. Fizemos uma reunião de todos os elementos: palavras, gestos e atitudes, sons, imagens.
LU: "O grito de socorro, o grito de solidariedade humana", você falou para os trabalhadores na construção e eles olharam para você...

1.7. Considerações

Em oposição ao princípio da identificação, que é unilateral, a atuação estranhada propõe multiplicidade de perspectivas. O plano sensório-corporal, experimentado através de gestos e atitudes, faz com que os jogadores se vejam confrontados com uma forma de lidar consigo mesmo que lhes é muitas vezes pouco familiar.

Existem dois planos de aprendizagem no jogo com a peça didática: o primeiro seria o plano "oficial" e o segundo "oculto" (privado) – às vezes indefinido e de difícil articulação. No plano "oficial", a aprendizagem se dá a partir do jogo teatral com o modelo de ação. A avaliação gira em torno das alternativas de representação e da transposição de interpretações do texto para o espaço e a corporeidade.

O processo de aprendizagem "oculto" é aquele vivido subterraneamente pelos participantes, individualmente. Trata-se de processos mobilizados no plano "oficial", que são difíceis de serem dirigidos do exterior. Processos de aprendizagem dessa natureza ocorrem em diferentes graus em todo trabalho com teatro. Os processos de aprendizagem "ocultos" raramente aparecem refletidos como tais. Sua verbalização é difícil porque se relacionam de forma complexa com passagens da vida individual. O processo de aprendizagem "oculto" deve permanecer como tal e não se tornar objeto de avaliação em grupo, embora isso possa ocorrer eventualmente.

O que está sendo negociado é o texto e não o processo psicológico dos participantes. Este é o lado positivo do trabalho com o texto. Embora existam estímulos no processo pedagógico para a revisão de problemas pessoais, esses não são dissecados, analisados. Cabe a cada participante elaborar individualmente até onde pretende se deixar "tocar" pessoalmente pelas discussões a partir do texto.

Embora possam surgir também momentos difíceis no processo de aprendizagem "oficial", eles podem se constituir em situações extremamente frutíferas, ao serem elaborados coletivamente.

A forte polarização das constelações de papéis e o caráter "associal" dos modelos de ação provocam freqüentemente associações com situações de vida percebidas como ameaçadoras ou "negativas". Os medos daí decorrentes podem ser encenados, permitindo que no plano ficcional do jogo essas ameaças e medos sejam elaborados no plano simbólico.

A avaliação reflexiva, após o jogo com o modelo de ação, traz a experiência corporal para o plano da consciência. Os procedimentos utilizados nas oficinas pedagógicas têm por objetivo ajudar a promover um processo de identificação ativo. Ao mesmo tempo, no jogo com o texto, o gesto é interrompido, repetido, variado e descrito com o objetivo de submeter a atuação dos jogadores a exame através da avaliação reflexiva.

O protocolo revelou-se como um instrumento de avaliação radicalmente democrático. Na documentação do trabalho, é possível identificar que o protocolo instrui os momentos do processo e muitas vezes propulsiona a investigação coletiva. A síntese da aprendizagem, concretizada através do protocolo, tem também a importante função de aquecer o grupo, promover o encontro e auxiliar na delimitação do foco da investigação.

Não deve haver, na prática, com o modelo de ação "o" método e, muito menos, receitas a serem aplicadas mecanicamente. As necessidades específicas geram seus próprios procedimentos. O modelo de ação pode ser abordado de inúmeras maneiras, dependendo dos objetivos do trabalho a ser realizado e da idade do grupo.

A função a ser desempenhada pelo modelo de ação no processo de aprendizagem pode ser organizada em uma escala. Em um dos extremos está o procedimento com o estranhamento. Independente do texto da peça didática, é possível trabalhar com a criação de modelos de ação atuais, através de um processo de teatro improvisacional, em que a dramaturgia é gerada no coletivo. A ênfase no cotidiano dos jogadores é nesse caso acentuada.

No extremo oposto da escala está o procedimento com o qual trabalho na presente pesquisa, através da proposta de manter literalmente o texto, embora não necessariamente na sua íntegra.

Entre ambos os pólos da escala existem gradações possíveis, que merecem ser discutidas. É possível incorporar ao procedimento "colado ao texto" a improvisação com cenas paralelas. Objetivo dessas combinações é, às vezes, a tradução da cena de Brecht para o cotidiano. Conflitos do dia-a-dia podem ser reconhecidos como semelhantes àqueles apresentados pelo texto.

57

No relato do experimento com *Aquele que Diz Sim* e *Aquele que Diz Não* (Koudela, 1991), a relação entre jogo teatral e texto da peça didática foi objeto de investigação, a partir da prática do jogo teatral com crianças e adolescentes. Naquele momento, com o objetivo de aproximar o texto do cotidiano dos jogadores, o modelo de ação foi reescrito pelo grupo de jovens, através da criação de cenas paralelas. Esse procedimento foi desenvolvido, sob vários aspectos, por Brecht, sobretudo nas *Übungsstücke für Schauspieler* (peças de exercícios para atores) (Brecht, 1967; GW 7, 3003-3027).

No trabalho com a peça didática, o procedimento com as cenas paralelas pode relacionar a metáfora do texto com o universo de experiência dos jogadores. As cenas paralelas, no processo de teatro improvisacional, são criadas a partir do ONDE / QUEM / O QUE. O jogo teatral assume aqui a função de criação de situações de contraste, de atualização, de associação.

No experimento com *Aquele que Diz Sim / Aquele que Diz Não*, não respeitamos o modelo de ação integralmente. A procura de outros textos, principalmente letras de música popular brasileira, nasceu das improvisações realizadas pelos adolescentes, sendo que o procedimento com a estrutura dramática realizou a transposição do tema de investigação, prefigurado pelo modelo de ação, para a realidade mais próxima.

Verificamos através daquela prática com adolescentes que o sistema de jogos teatrais pode trazer uma grande contribuição para o exercício com o modelo de ação brechtiano.

A educação da sensorialidade, aliada ao procedimento com o jogo, promove o campo dentro do qual o modelo de ação é introduzido. Por outro lado, a introdução do modelo de ação no processo de jogos teatrais tem por objetivo desenvolver a consciência social e histórica, o que implica sucessivas ampliações do processo de teatro improvisacional, permitindo a investigação das relações dos homens entre os homens.

Na presente pesquisa, o objetivo é verificar se uma maior fidelidade ao modelo de ação é geradora de um maior aprofundamento na investigação de atitudes no cotidiano, através do exercício da linguagem gestual.

O que pudemos observar, nesse processo de conhecimento, é que as contradições sociais foram trazidas para a consciência, através da investigação de modelos de comportamento que estão prefigurados no texto de Brecht. O conhecimento dos significados sociais é fornecido através da manifestação física do gesto no jogo teatral, que passa a ser constitutivo de um ato artístico transformador. A poesia, estética imanente ao modelo de ação, gera método de conhecimento.

A leitura do texto, a cada nova versão de jogo, buscando um novo entendimento, promove a construção de gestos com novos meios verbais e gestuais. Todos os participantes jogam, um após o outro, com os papéis que aparecem no texto. Assim fica garantido que sejam estabelecidas variantes para o exame das atitudes associais. O caráter universal do modelo de ação permite que os jogadores façam associações com diferentes situações do cotidiano.

Diferentes estratégias foram formuladas, permitindo uma apropriação lúdica do texto, sem fechar o seu significado. Ao contrário de um processo de interpretação histórico-literária, que permaneceria no plano intelectual, o que busquei foi abrir inúmeros campos de associações, que permaneciam latentes e eram experimentados no jogo.

Nesse trabalho em grupo, o jogo é orientado pela proposição de problemas e governado por um objetivo coletivo de investigação, buscando-se a superação de comportamentos egocêntricos e subjetivismo individual. A avaliação reflexiva permite que a investigação nasça do modelo de ação. A atividade do leitor se torna ativa, na medida em que ele passa a ser o autor / atuante do texto. Dessa forma, as estruturas do modelo de ação são transformadas em um meio de teatro improvisacional, que emerge como experimento socioestético.

2. *A EXCEÇÃO E A REGRA* –
OFICINAS PEDAGÓGICAS COM JOVENS

> *O Comerciante estava para o Cule assim*
> *como a Bruxa no espelho da Branca de*
> *Neve. O Cule tinha medo do Comerciante*
> *que era a Bruxa.*

2.1. A Avaliação do Processo Pedagógico

Na história da pedagogia do teatro, durante muito tempo a questão educacional foi fundamentada a partir de uma perspectiva psicológica ou sociológica, sem considerar a construção estética realizada pelos participantes do fazer teatral. O conceito de teatro era identificado como apresentação de uma produção.

Essa dicotomia é rompida através do jogo teatral com o modelo de ação brechtiano, quando o aluno passa a ser atuante e observador das ações dramáticas. Instrumento desse processo de aprendizagem é a criação e observação do gesto.

61

A avaliação exerce uma função primordial nesse processo de conhecimento, na medida em que permite trazer para a consciência e submeter a exame o material gestual.

No ensino do teatro, a dicotomia entre processo e produto fez muitas vezes com que se entendesse por resultado de aprendizagem uma "produção", sem considerar a possibilidade de avaliar, por exemplo, os jogos teatrais criados durante o processo educacional, os quais são partes constituintes do processo de conhecimento. Os significantes gestuais assinalam a produtividade da investigação coletiva. Muitas vezes, ao trabalhar sob pressão de tempo, em função da "produção", corre-se o risco de não aprofundar a construção estética de significantes.

No jogo com o modelo de ação brechtiano, o autor / ator do processo de conhecimento é o aluno, que constrói os significantes através dos gestos e atitudes experimentados no jogo teatral.

O jogo teatral oferece uma situação didática alternativa para o processo de ensino / aprendizagem. Objetivo principal do jogo com o modelo de ação brechtiano não é levar o aluno a aprender um conteúdo específico mas sim ensinar / aprender o jogo dialético de raciocínio, como participante de um processo de conhecimento.

O modelo de ação propõe limites para a expressão dramática?

O limite colocado pelo modelo de ação abre a oportunidade para o estabelecimento do foco coletivo. O modelo de ação delimita a intervenção educacional no processo criativo.

Ao mesmo tempo, ao trabalhar com o modelo de ação como método de aprendizagem, o coordenador de jogo instaura um processo de investigação onde cada aluno tem espaço de liberdade na expressão gestual a qual é única e singular. O processo de avaliação é realizado pelo coletivo.

O trabalho com o modelo de ação depende ainda da articulação do foco do jogo teatral, direcionado pelo orientador e da avaliação reflexiva sobre o problema que está sendo investigado. Nessa prática teatral, a linguagem semiótica do gesto é trazida para a consciência e submetida a exame.

2.2. Caracterização do Grupo

A oficina pedagógica, da qual faço o relato, foi introduzida como parte da coordenação do grupo de alunos da disciplina "Prática de Ensino em Artes Cênicas com Estágios Supervisionados" do CAC / ECA / USP, durante o segundo semestre de 1992.

Meu objetivo, na oficina com os jovens, é observar como se dá o processo de construção de significantes no processo do jogo teatral com o modelo de ação. Qual é a qualidade do conhecimento conquistado em um processo educacional em que o aluno é agente? Como é construído o conhecimento pelo autor / ator do jogo teatral com o modelo de ação brechtiano? Qual é o resultado de uma avaliação centrada no receptor ativo?

Nas aulas de "Prática de Ensino" preparamos com o grupo de formação a estrutura da oficina ministrada para as sete alunas do Terceiro Colegial da Escola de Aplicação da USP, que haviam optado por teatro dentro da disciplina Educação Artística. A outra opção possível seria Artes Plásticas.

As alunas da Profa. Alessandra Alcona de Faria (formada pelo Curso de Especialização em Artes Cênicas – 1990) vinham trabalhando com o texto *A Exceção e a Regra*, no decorrer do segundo semestre de 1992. Selecionei como modelo de ação para o trabalho na oficina a cena "A Água Partilhada" com o objetivo de submeter à experimentação com as jovens a metodologia que vínhamos desenvolvendo na ECA.

A situação de ensino era nova para os participantes. Apenas KI e LA tinham experiência de sala de aula. Ansiedade e impulsividade eram naturais.

2.3. O Texto Utilizado como Modelo de Ação

"A Água Partilhada"

a

Comerciante – Por que fica aí parado?
Cule – Patrão, a estrada termina aqui.

Comerciante – E agora?

Cule – Se bater em mim, patrão, não bata no meu braço machucado. Não sei mais o caminho.

Comerciante – Aquele homem no posto de Han não explicou?

Cule – Explicou, patrão.

Comerciante – Você não disse que tinha compreendido?

Cule – Disse, patrão.

Comerciante – Não tinha compreendido tudo?

Cule – Não, patrão.

Comerciante – E por que disse que compreendeu?

Cule – Tinha medo que o senhor me despedisse. Só sei que a gente vai seguindo os poços d'água.

Comerciante – Então siga os poços d'água!

Cule – Mas não sei onde estão.

Comerciante – Siga em frente! Não tente me fazer de idiota! Sei muito bem que já conhece o caminho.

Continuam a marcha.

Cule – Não seria melhor esperarmos pelos outros?

Comerciante – Não.

Continuam a marcha.

b

Comerciante – Para onde você vai? Por aqui vai para o norte; o leste é lá. (*O Cule toma outra direção.*) Alto lá! O que foi que deu em você? (*O Cule pára, sem olhar para o Comerciante.*) Por que não me olha de frente?

Cule – Pensei que o leste ficasse daquele lado.

Comerciante – Espere, seu vagabundo! Já lhe mostro para onde vai meu guia! (*Bate nele.*) Agora sabe onde fica o leste?

Cule (*com um berro*) – Nesse braço não!

Comerciante – Onde fica o leste?

Cule – Ali.

Comerciante – E onde ficam os poços d'água?

Cule – Ali.

Comerciante (*enfurecido*) – Ali? Mas você estava indo para lá!

Cule – Não, patrão.

Comerciante – Então você não estava indo para lá? Não era para lá que você estava indo? (*Bate no Cule.*)

Cule – Era, patrão.

Comerciante – Onde é que ficam os poços d'água? Você não disse ainda há pouco que sabia onde ficavam os poços d'água? Sabe mesmo? Sim ou não? (*O Cule não responde e é novamente espancado.*) Sim ou não?

Cule – Sim.

Comerciante (batendo mais) – Sabe ou não sabe?
Cule – Não.
Comerciante – Passe para cá seu cantil. (*O Cule entrega o cantil.*)
Eu poderia partir do princípio que toda essa água é minha. Mas vou re-
partir a água com você. Beba um gole. (*de si para si*) – Me esqueci que
nessa situação eu não devia ter batido nele.

Continuam a marcha.

2.4. Descrição das Oficinas Pedagógicas

Local: Escola de Aplicação da USP

Data: 14/10/1992

Duração: 90 minutos

Número de participantes: sete jovens (alunas) e seis coordenadores

Protocolo:

Reconhecer o espaço. Relembranças do estágio durante o primeiro
semestre. Como elas estarão? São nove meninas que iremos coordenar em
uma aula. Tenho vontade de ir buscá-las. Não preciso ir muito longe;
estão ali, na porta.

Oi Adriana! Oi Maria! Oi Cintia! Oi Fabiana! Oi! Oi! Quem mais
está no grupo? Ah, a Helga, a Viviane, a Flávia! Ah! Aquela que eu pintei
de gatinho? Vamos entrar? Não precisamos usar a platéia, fecham-se as
cortinas... pssiu, é secreto... nós todas aqui reunidas nesse grande palco,
com a cortina fechada, faremos jogos teatrais.

Pega-pega. Quem for pego, grita o próprio nome de alguma maneira.
Pega-pega como sapo, como urso pesado, como ratinho estridente e miúdo.
Que bom, a turma ajuda! Lú introduz o jogo do nome:

O meu nome é esse dia
Prá vocês quero dizer
O meu nome é esse dia
E o seu quero saber.

Texto, texto, texto. Leitura desde o título até o final, com tudo,
tudíssimo, cada um no seu próprio ritmo. Estarão já familiarizadas? Depois
ler, ouvindo o parceiro. Iiiiih... deu errado! Eles sempre respondem à es-
timulação com a frase seguinte à minha. Melô. Gente, é diferente, é mais
descompromissado. Não se apavorem.

Olhem! Observem! Ah! Que delícia! Começaram os estranhos diálogos, as inusitadas inter-relações.

65

Que prazer trabalhar assim! Roda! Roda! Escolher uma frase, dizê-la em diferentes entoações. Poderíamos ficar horas, as idéias não se esgotavam. Cada vez tinha uma outra maneira, que estimulava.

Formar grupos... e agora? Contar até quanto? Quase nos perdemos na contagem? Ah... sim! Duplas... exatamente. Vamos jogar... escolham o papel e iniciem o jogo. O que aconteceu?

A cena era avaliada e isso estimulava as alunas. A cada cena uma nova proposta. De repente aprendi o que significa criticar construtivamente. Vocês jogaram, meninas! E nós estamos socraticamente verbalizando o ato.

1. Avaliação dos Jogos Teatrais com o texto "A Água Partilhada".

1° Jogo:

Descrição da cena:

A atitude autoritária do COMERCIANTE (*patrão*) é de muita irritação e imposição de poder, o que enfraquece sua autoridade diante de um CULE inicialmente submisso.

Avaliação:

KI: Como era esse Cule? E e esse Comerciante? Quais eram as características deles?

LU: Eu achei que o Cule se fazia de submisso, mas não era... Quando o Comerciante virava de costas ele não tinha medo.

Aluna 1: Eu acho que havia uma relação de patrão e empregado, um era mandão e o outro obedecia.

KI: Você acha que ele conseguia se fazer passar por patrão?

Aluno 2: Não. O comerciante era engraçado.

Aluno 3: Fica difícil fugir (*da imagem*) do patrão porque o Cule é subalterno. O Cule, embora submisso, era forte.

RQ: O patrão estava bem irritado, ele não estava conseguindo dominar o outro...

JE: Parecia que os dois estavam fazendo um jogo de aparências – tanto o Cule como o Comerciante...

KI: Mesmo com um patrão irritado, o poder estava na mão do Cule. É possível fazer essa relação do nosso cotidiano?

Aluna 2: É possível, a patroa e a empregada doméstica. A patroa tem essa dependência da empregada. Ela fica desesperada quando a empregada falta.

KI: Ela depende da empregada que vai arrumar a casa para ela.

Comerciante: E aquele homem no posto de Han não explicou a você?
Cule: Explicou, patrão.
Comerciante: Você não disse que tinha compreendido?
Cule: Disse, patrão.
Comerciante: Então porque disse que tinha compreendido?
Cule: Tinha medo que o senhor me despedisse.

Comerciante: Então siga os poços d'água.
Cule: Mas eu não sei onde eles estão.

2° Jogo:

Descrição da cena:

O Comerciante busca o diálogo com o Cule. Sua atitude é de negociação, o que leva a uma relação de equilíbrio (*poder*) entre os dois.

KI: A gente dizia que o outro Comerciante tentava resolver a situação no grito. E esse Comerciante? Estava equilibrado esse poder?
MJ: Eu acho que o poder estava mais equilibrado.
Aluno 3: Já foi levantada a questão de que o Cule tinha o poder porque ele sabia o caminho...
Aluno: É como a mãe...
KI: Será que a mãe tem sempre que estar impondo respeito?
Aluna: A minha impõe...
RQ: A minha é mais adolescente que eu...
KI: Mas será que todas as mães são assim? Tem que estar impondo respeito?
Aluno 3: O Comerciante quer exercer o poder e de repente eu acho que acontece isso com a mãe. Tem mãe que quer brigar, quer falar alto, quer discutir com a filha.
LU: Eu acho que este comerciante era mais legal. Ele sabia que podia gritar, mas não queria fazer isso. Ele queria dialogar.
KI: E por que será que ele estava querendo dialogar e não bater?
Aluna: Ele sabia que dependia do outro. O Cule tinha uma experiência que o Comerciante não possuía. E já caía a noite...
KI: Acontece isso quando vocês querem sair à noite? Ao sair de casa ou ao chegar em casa?
Aluna 4: Ao chegar...
KI: E aí a mãe pega no flagra...

3° Jogo:

Descrição da cena:

O Cule demonstra medo e uma atitude totalmente submissa diante de um Comerciante irritado que o repreende. (*A disputa pelo poder é emocional.*)

KI: Como foi a relação entre o Cule e o Comerciante?
Aluna 1: Esse Cule era mais fraco, era bem mais submisso.
KI: Estava com medo?
RQ: Medo eu não sei, porque ele sabia que o outro não ia fazer nada...
MJ: Eu achei esse Cule um grande chantagista...

69

LU: O Comerciante estava para o Cule assim como a Bruxa no espelho da Branca de Neve. O Cule tinha medo do Comerciante que era a Bruxa.

KI: Por que o Cule e o Comerciante estavam irritados?

Aluna 3: O Comerciante não estava gritando, mas sua atitude era descontrolada.

4º Jogo:

Descrição da cena:

O Cule é esperto, procura vencer o Comerciante através da dissimulação. O Comerciante tem, inicialmente, confiança no Cule. Ao final, percebendo a dissimulação, começa a reagir (*alterando a voz*).

RQ: Achei o Cule "professoral". Ele discursava.

KI: O Cule era uma pessoa que tinha noção do que estava fazendo? Tinha conhecimento ou era um professor enganador?

Aluna 5: Eu acho que o Cule era enganador. Queria mostrar que era esperto, mas não era nada disso...

Aluna 3: O Cule parecia se fazer de esquecido.

MJ: Era malandro.

KI: E o Comerciante?

RQ: Ah! Ele era uma boa pessoa... uma pessoa que confiava nos outros...

KI: O Comerciante confiava no Cule?

LU: Acho que havia relação de confiança, o Comerciante confiava no Cule como o aluno no professor.

RQ: O Comerciante vai se frustrando.

Aluna jogadora: Eu achei que ele estava brincando comigo, me levando "em banho-maria", aí eu fiquei nervosa...

KI: O Comerciante chegou a estourar?

Aluna jogadora: Estourar não. Mas alterei a voz...

Aluno 6: O Cule estava sonegando informações.

2.5. Avaliação dos Jogos

As nove meninas responderam prontamente ao jogo. Já na avaliaçao do primeiro jogo existe grande sagacidade na observação da relação Cule / Comerciante. A atitude autoritária do Comerciante (*patrão*) é de muita irritação. Essa irritação enfraquece o seu poder sobre um Cule aparentemente submisso, mas que na realidade domina a situação, é forte.

Já no segundo jogo, o Comerciante busca o diálogo com o Cule. Sua atitude é de negociação, o que leva a uma relação de poder equilibrada entre os dois.

No terceiro jogo, o Cule demonstra medo e uma atitude totalmente submissa diante de um Comerciante irritado, que o repreende o tempo todo. A disputa pelo poder é resolvida emocionalmente nessa cena.

No quarto jogo o Cule é esperto. Procura vencer o Comerciante através de dissimulação. O Comerciante tem, de início, confiança no Cule. Percebendo a dissimulação, fica alterado (*grita*).

Três temas nasceram dos primeiros jogos improvisados. No momento da avaliação, a verbalização trouxe para a consciência as atitudes experimentadas no jogo:

– relação professor / aluno
– relação amigo / amiga
– relação mãe / filho

A partir da escolha de um dos três temas, que sintetizam o processo de avaliação dos jogos anteriores, cada dupla de jogadores deveria estruturar uma cena através da definição de um *Onde* (lugar), *Quem* (papel social) e *O Que* (atividade de cena). O procedimento "colado ao texto" foi mantido. Os jogos que passamos a descrever foram realizados um após o outro, sem paradas. Somente no final procedeu-se à avaliação. Esta seqüência de propostas estava adequada principalmente à duração da hora-aula na escola. A Profa. Alessandra tinha uma "dobradinha" de noventa minutos.

No primeiro jogo, o Cule é sagaz e ágil, enquanto o Comerciante raciocina lentamente, não tem percepção do que se passa à sua volta. O Cule (*aluno*) ensina o Comerciante (*professor*).

No segundo jogo, o Comerciante (*homem*) é abordado por um Cule (*mulher*), que insiste em conquistá-lo.

No terceiro jogo, o Comerciante (*mãe*) passa uma descompostura no Cule (*filha*) que permanece impassível, deitada no chão de barriga para baixo, balançando os pés, fazendo birra.

71

Comerciante: Por que fica aí parado?
Cule: Patrão, a estrada termina ali.

Cule: Se for bater em mim, patrão, não bata no meu braço machucado.
Daqui em diante não sei mais o caminho.

Avaliação dos jogos:

KI: Vamos tentar identificar nestas cenas as três relações que tínhamos estabelecido.

Aluna: A primeira era de professor e aluno...

KI: E como era a relação entre o professor e o aluno?

Aluna 2: Era como na aula de geografia (*risadas*).

Aluno 2: O Comerciante (*professor*) olhava o tempo todo para o chão e não entendia nada. Ele sabia que tinha que seguir em frente, mas enrolava...

RQ: Ninguém sabia nada ali...

KI: Um enganava o outro?

Aluna 1: A 2ª cena eram namorados, o Cule era uma secretária.

KI: Ficou claro que era homem e mulher?

RQ: Para mim era amigo e amiga... um deles estava fugindo da raia.

Aluna 3: Mostramos uma briga da mulher e do marido, o Comerciante era o marido que recuava e o Cule era a mulher que ficava "em cima".

KI: Então o Comerciante não estava mais "a fim" dessa mulher (*Cule*)?

Aluna 3: O Comerciante estava com medo. Ele querendo dar "o fora" a mulher indo para cima.

RQ: O Comerciante estava fugindo.

KI: Na outra cena...

Aluna: Era uma mãe histérica.

KI: E onde estava?

Aluna 1: No quarto da filha.

KI: E a filha estava fazendo o quê?

Aluna 3: Escutando disco.

Aluna 6: Nossa, para mim era outra coisa, ela estava tomando sol.

Aluna jogadora 2: Nós éramos duas amigas, estávamos na praia e tínhamos perdido uma outra amiga.

KI: Às vezes me parecia que ela estava lendo um "gibi".

RQ: Achei que o Comerciante era a mãe porque parecia ser mais experiente.

KI: Ficou mais clara a relação entre duas amigas ou a relação entre mãe e filha?

Aluna 4: Relação entre mãe e filha.

LU: Parecia mãe e filha, o Cule era uma criança birrenta... Ele se jogava no chão. A atitude corporal era de birra.

RQ: Foi legal ver um Comerciante submisso.

2.6. Avaliação com os Jovens

– Como foi jogar esse jogo e deixar que as relações se estabelecessem na improvisação, sem planejar?

73

Aluna 1: Cada jogador faz a sua leitura do texto.

Aluna 2: Quando Você está entrando na cena e de repente não é mais aquilo e Você tem que mudar.

Aluna 3: Vendo os outros jogadores, Você descobre outras leituras do texto.

Aluna 4: É o que foi estabelecido no jogo. Na hora do jogo é que Você vai ver o que acontece. A relação acontece no jogo.

Aluna 5: As palavras do texto eram as mesmas mas o significado se modificou de cena para cena.

– A atitude interfere na relação?

Aluna 4: No cotidiano as pessoas assumem atitudes. Por exemplo, um amigo vai continuar amigo até que o relacionamento se modifique.

– Diferentes classes sociais têm atitudes iguais?

Aluna 4: A atitude, por exemplo, de um cara que sempre comeu de colher e ele vai ter que ir num jantar onde é obrigado a comer de garfo e faca. As características das classes sociais acabam se evidenciando nas atitudes corporais, na forma de agir, na forma de falar.

– Aquilo que fica na nossa memória física.

Aluna 3: Para mim foi superinteressante tentar trazer para o jogo cenas do cotidiano.

Aluna 1: A gente "trava" muito as relações no nosso cotidiano.

Aluna 2: A gente tem muita defesa.

Aluna 5: No jogo a gente pode se permitir analisar.

Aluna 6: Você pode se permitir quebrar tabus. Você descobre novas formas de relação.

É interessante observar como esse processo de aprendizagem se produz, produzindo-se a si mesmo, ao libertar a produtividade dos participantes.

O aprendizado forma uma espiral que é ascendente e descendente ao mesmo tempo. O processo de aprendizagem parte do concreto para o abstrato. O impulso sensório-corporal, instaurado a partir do jogo de regras (pegador), é canalizado gradativamente para a expressão simbólica de atitudes, sendo que a avaliação reflexiva promove a leitura das estruturas de poder a que estamos submetidos no cotidiano. Os jovens passaram a identificar essas relações nos exemplos empregada doméstica / patroa; a mãe que pega a filha no flagra... ; o Comerciante que estava para o Cule assim como a Bruxa no espelho da Branca de Neve.

Na rodada de avaliação final, conceitos como "classe social", "atitude", "memória física", "cotidiano" puderam ser introduzidos e discutidos com os jovens.

2.7. *Avaliação com os Coordenadores de Jogo*

Na avaliação com o grupo de coordenadores, realizada na ECA uma semana depois, procuramos trabalhar a diferenciação de papéis coordenador / jogador, jogador / jogador.

– Como é essa relação coordenador / jogador, jogador / jogador? Vocês se sentiram como jogadores ou vocês estavam coordenando um grupo de jovens?

RQ: Eu senti que estávamos numa postura de coordenadores. Havia momentos no jogo onde ficávamos vendo o time. Não entrávamos no jogo totalmente. Fazíamos com que o jogo tivesse mais energia. Mas havia uma postura diferente de cada um dos coordenadores, uns entravam mais no jogo, outros permaneciam numa postura de coordenação. Eu, por exemplo, acho que entro mais no jogo. A CI já põe um limite, deixa claro que está coordenando. KI provocava através de perguntas.

LA: O fato de o grupo de coordenadores do jogo teatral estar participando fez com que o processo se acelerasse. Eu percebi isso claramente durante a leitura. Houve novas descobertas. Através das variações na intenção da voz. Houve a descoberta do jogo com o texto. Acho que a participação do grupo de coordenadores acelerou o processo.

KI: Eu não sei até que ponto nós não induzimos determinadas colocações.

RQ: Não foi induzido, um viu aquilo, o outro viu isto...

MJ: Às vezes eles mal começavam a falar e nós já tomávamos posição.

CI: Eu acho que havia um pouco de ansiedade, às vezes nós os engolíamos. Talvez se indagássemos um pouco mais.

– É interessante o que vocês estão dizendo. No momento da atuação foi positivo intervir no jogo, isso ajudava os jovens. No momento da avaliação não é positivo colocar palavras em suas bocas.

RQ: Eu não observei isso. Nunca vi uma avaliação tão rica.

Cule: Não seria melhor esperarmos pelos que vêm atrás de nós?

Cule: Sim.
Comerciante (*batendo*): Então, sabe ou não?
Cule: Não.

MJ: No momento do jogo a participação do nosso grupo serviu como estímulo mas no momento da avaliação eu senti que às vezes eles queriam falar e não tinham chance... algumas pessoas do nosso grupo estavam ansiosas e corriam na frente. Muitas vezes eles iam dizer: Ah! não é bem isso, mas não conseguiam.

– Como foi a participação de KI como coordenador?

MJ: Eu acho que ele pegava o que eles diziam e já aproveitava para levantar uma outra pergunta, uma outra questão...

– Vocês respondiam no lugar deles? Não se contentaram em permanecer no papel de coordenadores de jogo? Como Você se sentiu, KI, como coordenador?

KI: No momento da avaliação, eu levei um susto quando o nosso grupo começou a falar. Eu pensei que íamos deixar um espaço maior para os adolescentes e que como coordenadores ficaríamos mais na retaguarda. Comecei então a pegar as próprias observações que nosso grupo fazia e devolver para eles... aproveitava as observações para que os adolescentes questionassem e refletissem sobre o jogo.

2.8. *Considerações*

A avaliação coordenada por KI revela não apenas um aluno atento nas oficinas da ECA como também um professor sensível e experiente. A agilidade de seu raciocínio muito contribuiu para o aprendizado que todos fizemos, tanto jovens e coordenadores de jogo como eu.

Houve uma interessante descoberta feita pelo grupo, que tomou consciência da força positiva de sua participação no jogo teatral com os jovens. A presença dos seis coordenadores de jogo da ECA estimulou o grupo de jovens, apontando o caminho para um trabalho de formação de professores. Essa forma de animação cultural poderia ser também desenvolvida por grupos de atores que quisessem levar para o espaço da escola o jogo teatral com o modelo de ação brechtiano.

A proposta de formação do educador a partir do jogo com o modelo de ação enfrentou também limites. Esses devem ser buscados, em primeiro lugar, no próprio grupo de formação que estava passando por um processo de aprendizagem. Acrescido a isso, deve ser levado em consideração que lidamos em parte com procedimentos totalmente novos, criados em função da investigação e submetidos à experimentação.

Por outro lado, essa forma de trabalho com o modelo de ação brechtiano, aqui sugerido, longe de constituir uma via de mão única, tal qual ocorre na didática tradicional, oferece oportunidades para uma formação em que não apenas professores podem observar como o grupo de formação intervém no processo educacional, como o grupo de formação tem a oportunidade de entrar em contato com a situação de ensino, a qual é nova para eles.

A situação de trabalho seria diferente e mais equilibrada se grupos profissionais de atores, que tivessem uma formação pedagógica, trabalhassem com os princípios aqui delineados. Essa possibilidade implica, por outro lado, uma moldura mais larga do trabalho de ação cultural.

O trabalho com o modelo de ação brechtiano não está necessariamente vinculado à instituição escola ou a questões didáticas no sentido estrito. Manfred Wekwerth (Wekwerth, 1974) aponta para diferentes formas de intermediação, fundamentadas em uma Pedagogia do Teatro que incorpora a escola na medida em que também ela é uma instituição de caráter cultural.

Se analisarmos a concepção do modelo de ação dentro dessa perspectiva, o ato artístico coletivo pode ser paralelizado com o conceito hoje discutido e praticado, principalmente na França, sob a denominação de *animation théâtral* (Monod, 1986). Esse conceito pretende gerar um evento teatral novo, inédito, desestabilizador, no qual a platéia é parceira indispensável da criação.

Esse conceito representa um alargamento da função da arte na nossa sociedade, estimulando a atividade cultural como forma de conhecimento sobre si mesmo e sobre a coletividade. Esse princípio está articulado de forma exemplar através do modelo de ação brechtiano.

3. *A PEÇA DIDÁTICA DE BADEN BADEN SOBRE O ACORDO* – OFICINAS PEDAGÓGICAS DE FORMAÇÃO PERMANENTE

3.1. Sobre o Fragmento

A primeira travessia do Oceano Atlântico em um avião era, para a consciência dos contemporâneos, uma realização pioneira da técnica moderna. Brecht interpreta o fato como um trabalho coletivo da humanidade que, com a ajuda dessa invenção, se ergue sobre o domínio da natureza.

A fábula da peça didática *Vôo sobre o Oceano* mostra o diálogo do aviador com o rádio, um navio, pescadores e sua luta com as forças da natureza e seus limites físicos. O aviador se afirma diante da opinião pública. Quando chega no aeroporto Le Bourget em Paris, é aclamado por uma multidão.

A Peça Didática de Baden Baden sobre o Acordo (Brecht, 1988), também estreada em 1929, é um *Gegenstück* (contratexto) para o *Vôo sobre o Oceano*. O *Relato sobre Aquilo que Ainda não Foi Alcançado*, que constitui um texto de comentário no final da primeira peça, é retomado literalmente como prólogo do contratexto.

Quatro aviadores que enfrentaram o mar e as montanhas foram tomados pela *febre da construção das cidades e do petróleo*:

> Nossos pensamentos eram máquinas
> Luta pela velocidade
> Esquecemos diante das lutas
> Nosso nome e nosso rosto
> Diante da rápida partida
> Esquecemos o objetivo de nossa partida.

Caídos, pedem ajuda à multidão que assiste à sua agonia. Os quatro aviadores são postos à prova através do exame se o homem ajuda o homem. O domínio da natureza não levou a uma libertação do homem:

> Enquanto vocês voavam
> Arrastava-se um nosso semelhante no chão
> Não como um ser humano.

Dois outros exames mostram se o homem ajuda o homem. Na "Segunda Investigação", a questão é levantada pelo líder do coro que se dirige à multidão:

> Observem essas imagens e depois digam
> Se o homem ajuda o homem
> (*vinte imagens são mostradas*).

O número dos *clowns* mostra a relação contraditória entre ajuda e poder. O caráter destrutivo da ajuda é apresentado de forma drástica. Dois *clowns*, Einser (Uno) e Zweier (Secundo), mutilam um gigante doente, o Sr. Schmidt. A bajulação inicial transforma-se em dominação cínica da vítima – ao gigante indefeso são serrados os membros, as orelhas e a cabeça. O comentário da "Negação da Ajuda" tira as conclusões do exame:

Portanto vocês não devem pedir ajuda
Mas eliminar o poder
Ajuda e poder formam um todo
E o todo deve ser modificado.

A negação da ajuda introduz o segundo complexo temático do texto – o *Einverständnis* (princípio do acordo). Objetivo da aprendizagem é aprender a morrer. A renúncia é exercitada dialeticamente:

Quando o pensador foi apanhado por uma grande tempestade
Estava sentado em um grande veículo e ocupava muito espaço.
Primeiro, desceu do veículo; segundo, tirou o casaco; terceiro, deitou-se no chão.
Assim venceu a tempestade na sua menor grandeza.

Assim como o pensador vence a tempestade na *sua menor grandeza*, também os aviadores devem vencer a morte, renunciando a qualquer vontade individual. Quem compreende as transformações da História declara estar de acordo com a sua menor grandeza. A prova do acordo culmina num exame em que os quatro aviadores (três mecânicos e um piloto) renunciam à vaidade, ao orgulho, à glória, aos amigos, ao próprio nome, à própria vida.

3.2. Caracterização do Grupo

Realizadas na FDE (Fundação para o Desenvolvimento Educacional do Estado de São Paulo / 1992), as oficinas de formação permanente, das quais faço o relato, tiveram a duração de quinze horas, em cinco encontros de três horas cada (de segunda a sexta-feira, das 14:00 às 17:00 horas).

O objetivo desses encontros com quarenta e oito participantes, em sua maioria professores de Educação Artística da escola pública de primeiro e segundo graus, era resgatar o valor educacional do jogo teatral, enquanto produtor do espaço cultural na escola.

Através da prática de jogo com a peça didática, o foco da investigação é a relação entre o indivíduo e o coletivo.

83

Inicialmente foram discutidas algumas questões, colocadas pelos professores:

· Como trabalhar com teatro na escola, com grupos de alunos numerosos?
· Como trabalhar com cinqüenta minutos de aula?
· Como conseguir espaço físico para o jogo teatral na escola?

Através da discussão dessas questões, evidenciou-se a necessidade de um trabalho de coordenação pedagógica nas escolas para que a prática do jogo possa se dar de forma mais eficiente. Algumas das questões que apareceram nessa discussão inicial precisam ser pensadas em nível administrativo e pedagógico mais amplo, como por exemplo, a grade curricular, horários, salas de aula (espaço).

Perguntei, durante esse primeiro encontro, quantos conheciam Brecht. Apenas sete levantaram a mão. Alguns tinham lido poemas do autor no livro didático de História.

3.3. O Quadro de Brueghel como Modelo de Ação

Com o objetivo de instaurar a discussão sobre a cultura e o jogo popular levei no próximo encontro um quadro de Brueghel (Brueghel, 1525-1569) que traz recortes de imagens, representativas de jogos populares. Os participantes montaram o quebra-cabeça, reconstituindo o quadro e identificando jogos populares que lhes eram familiares.

A avaliação dessa atividade com os professores gira em torno da ameaça que sofremos hoje do desaparecimento dessa cultura popular que vem se desenvolvendo desde a Idade Média. Mergulhados na multiplicidade de suas manifestações – jogos, ritos, espetáculos, festas, danças – descobrimos o caráter renovador desse universo.

No protocolo de uma professora, o alerta:

Às vezes sinto saudade
Dos meus tempos de mocidade
Das descobertas dos valores
Das histórias da minha cidade

Recorte de *Children's Plays*, Peter Brueghel.

Recorte de *Children's Plays*, Peter Brueghel.

À noite, aproveitando a luz da lua
Crianças brincavam na rua
Repentistas cantavam fazendo graça
Namorados passeavam na praça.

E as histórias que vovó contava!
Contos de fadas, trechos da Bíblia

Fatos, mitos e fábulas
Lendas que a gente gostava
Muitas até inventadas
De tão bem contadas

Brincaria mais de amarelinha
De armadilhas do amor
Jogos de adivinhas
Seria repentista trovador.

Viveria com alegria
Os jogos de sorte, cabra-cega
Que o cravo brigou com a rosa
Nas cantigas amorosas.

Vamos ver o que o progresso
Trouxe à realidade
Apenas retrocesso
Trouxe à humanidade

Se Dona Sancha soubesse
Como a barca virou...
Pai Francisco atirou
O pau no gato e o matou
Comeu carneirinho e carneirão
E o periquito Maracanã
Está em fase de extinção

Não se pode mais passear no bosque
Virou esconderijo de ladrão
Vossa Senhoria, Dona Chica
Passa passa muita fome
Junto com seu gavião
Nem caranguejo, nem peixe
Existem mais no ribeirão.

Margarida casou-se na capelinha de melão
Olhando seu anelzinho não disse a ninguém
Seu sapatinho branco e o de cristal também

Devido à grande necessidade
Foi pra Espanha vender chapéu.
Nunca mais voltou à cidade.

É essa aí a nossa história
Voltada pra realidade.
Apagaram da memória
Os valores da humanidade
Transformados em máquinas do progresso

3.4. O Jogo Popular como Metodologia

Sem pretender uma análise sociológica da questão, nos deparamos com indícios cada vez mais fortes de desaparecimento dessa cultura. O repertório do jogo popular é na maioria das vezes lamentavelmente pobre, o que se acentua nas grandes cidades, onde o espaço natural do jogo popular, a rua, é cada vez mais restrito. Encontramos aqui refletida a censura corporal na forma enrijecida dos versos repetidos mecanicamente, na regra de jogo aceita passivamente.

"Da maneira como as coisas vão indo, a sentença é de morte", afirma Mário de Andrade, em 1944.

[...] nas regiões centrais do país, sobretudo nas mais devastadas pelo progresso, o que existe é desoladoramente pobre, muitas vezes reduzido a simples cortejo ambulatório que quando pára só pode ainda dançar coreografias puras, perdida a parte dramática (Andrade, 1982).

Como indício do declínio, é sintomática a perda da parte dramática nos folguedos pois justamente aqui se revela o princípio ativo, a ação do sujeito que atualiza os significados da cultura. Diante da falta de espaço para a atividade dramática nos modernos centros urbanos, onde a criança e o jovem permanecem confinados em suas moradias, perdido o espaço da rua, a escola é capaz de incorporar essa atividade em seus procedimentos de ensino.

O jogo popular assume diferentes funções no processo de ensino, tal como estimular a capacidade de identificação e o repertório de ações da criança e do jovem.

No processo pedagógico com teatro e dança os versos cantados mecanicamente e a aceitação passiva de regras de jogo têm que ser rompidos para que o processo possa ser reinstalado. Aqui mais uma vez pudemos comprovar que a ruptura de comportamentos rígidos só pode se dar através da reincorporação do plano sensório-corporal e da reintrodução de elementos de linguagem artística no processo educacional.

O jogo popular adquire nova vida e se amplia quando, no seu desenrolar, são introduzidas instruções que produzem variantes para o ritmo da fala, do movimento e do gesto. Dessa forma, versos muito simples podem ser re-significados e o princípio lúdico é reconquistado. Poderíamos dizer que a reconquista de formas de expressão sensório-corporais e a esteticização dos folguedos é um meio para a sua revitalização.

No processo pedagógico do jogo teatral, o jogo popular é elevado à categoria de método por diferentes razões.

"Arte" é um conceito comumente separado do mundo real, um território para onde se retiram aqueles que possuem o domínio de "técnicas" que lhes permitem cuidar de sua interioridade.

O teatro, como proposta educacional, necessita passar por um processo de transformação e democratização para ser novamente introduzido nas malhas apertadas e complexas da moderna sociedade de massa. Trata-se de um longo caminho a ser percorrido em meio à serialização da produção e à massificação do consumo, para chegar ao reino da esteticidade... buscar o *ludus* da arte nos jogos populares é uma estratégia que permite dessacralizar a linguagem artística, sem incorrer em uma "tecnicização" e escapar de receitas a serem aplicadas por professores e imitadas por alunos.

Jogos são estruturas abertas, delimitadas por regras que definem o campo de atuação. O critério de receituário não se aplica ao âmbito do jogo, pois ele se dá através de uma sucessão de partidas. Caso contrário, seria impossível jogar duas vezes o mesmo jogo. A regra, no espaço lúdico, não é um princípio autoritário, já que regras de jogo podem ser modificadas, a partir de acordo em grupo.

A cada encontro, as oficinas eram iniciadas através de jogos populares e/ou jogos teatrais com foco na percepção sensório-corporal. Nessa primeira oficina trabalhamos sem texto, embora o quadro de Brueghel tenha sido utilizado como modelo de ação no processo criativo e posterior avaliação.

3.5. A Cena "A Segunda Investigação" como Modelo de Ação no Jogo Teatral

Ao final desse primeiro encontro foi proposta uma tarefa para casa. O texto "A Segunda Investigação" foi distribuído ao grupo com a incumbência de observação do cotidiano para recolher material de discussão em grupo.

"A Segunda Investigação"

O líder do coro dirigindo-se à multidão:
Observem essas imagens e depois digam
Se o homem ajuda o homem.

A partir da reunião do material, trazido para a aula que se seguiu, nasceu a discussão que transcrevo, em que levantamos algumas questões:

O homem ajuda o homem no nosso cotidiano?

O gesto de alcançar um copo de água quando alguém está sobrecarregado com sacola, pasta, guarda-chuva, servindo-se de comida, na cantina, na hora do almoço, apressado, foi dado como exemplo positivo.

Às vezes o homem não ajuda o homem no nosso cotidiano. Na rua, a caminho do curso, uma participante presenciou uma cena – quatro garotos estavam estendendo roupa para secar, embaixo de uma ponte, quando chegou um policial e bateu nos garotos.

Na Somália, turistas pagam para fazer um *tour* e ver a fome e a miséria. Essa notícia de jornal foi trazida por outra participante.

Outro recorte de jornal mostrava um homem e uma mulher abraçados – a imagem de um ovo, de integridade. Ao lado, outro recorte – duas imagens de mães que sofreram rupturas na relação com o filho.

Outra participante lembrou a imagem do rio Tietê naquele dia, caudaloso, depois da chuva torrencial que caiu em São Paulo. O volume de água do rio só carregava destroços – como se tivesse havido uma guerra. A sujeira da cidade se avolumando e a agressão à natureza.

Com o objetivo de estruturar o processo de articulação da linguagem gestual, experimentamos vários jogos teatrais, inicialmente sem texto. Esse primeiro momento visava desenvolver nos participantes habilidades de processo como fluência na expressão gestual, concentração e liberação da ludicidade. Alguns conceitos como *gesto, atitude* e *foco* foram introduzidos no processo de avaliação. No exemplo de um jogo tradicional brasileiro, onde são cantados os versos:

Vem vento, caxinguelê
Cachorro do mato vai te mordê.

Variantes na roda: velocidade, ritmo, intenção na fala, espaço, contato físico, planos no espaço.

Avaliação:
– A fala modifica a atitude corporal?
– A atitude corporal modifica a intenção da fala?

"Apenas um em movimento" foi outro jogo experimentado com o grupo. Nesse jogo teatral, a única regra estabelecida é que apenas um dos jogadores se movimente, enquanto os outros permaneçam como estátuas. Aquele jogador que está em movimento não deve parar, enquanto um segundo jogador não se mexer. Primeiro experimentamos o jogo "apenas um em movimento" com simples caminhadas no espaço da sala. Aos poucos fomos introduzindo novos elementos como:

– Quem se movimenta?
– Deixe a platéia ouvir os sons!
– Utilize a palavra!
– A única regra de jogo é apenas um em movimento!

O jogo teatral do "Coro / Protagonista" é iniciado através de um jogo popular que tem inúmeras variantes – o "pega-pega". Aos poucos o pegador passa a ser o protagonista dos movimentos e ações no jogo. Quando o pegador / protagonista quiser, pode "pegar" um parceiro no coro. Aquele que é pego passa a ser o novo pegador / protagonista. A pura liberação de energia no jogo de pegador vai sendo aos poucos canalizada para que o protagonista possa contracenar com o coro e vice-versa.

3.6. A Cena "O Exame" como Modelo de Ação no Jogo Teatral

Jogos de apropriação de texto introduziram a cena "O Exame":

o coro examina o acidentado diante da multidão
coro: até onde você voou?
acidentado: eu voei a uma altura imensa
coro: até onde você voou?
acidentado: eu voei a uma boa altura
coro: até onde você voou?
acidentado: eu voei a quatro mil metros
coro: até onde você voou?
acidentado: apenas um pouco acima do chão
a multidão repete: ele voou um pouco acima do chão
coro: você foi homenageado?
acidentado: não fui homenageado o suficiente
coro: você foi homenageado?
acidentado: eu fui homenageado
coro: você foi homenageado?
acidentado: eu fui homenageado
coro: você foi homenageado?
acidentado: eu fui homenageado o suficiente
coro: você foi homenageado?
acidentado: eu fui homenageado até demais
a multidão repete
coro: quem é você?
acidentado: sou quem sobrevoou o oceano
coro: quem é você?
acidentado: eu sou um de vocês
coro: quem é você?
acidentado: eu não sou ninguém

A Cena "O Exame".

coro: quem espera por você?
acidentado: muitos esperam do outro lado do mar
coro: quem espera por você?
acidentado: meus próximos esperam por mim
coro: quem espera por você?
acidentado: ninguém espera por mim
a multidão repete duas de suas frases

coro: quem morre, se você morrer?
acidentado: aquele que foi homenageado até demais
coro: quem morre, se você morrer?
acidentado: aquele que se elevou um pouco acima do chão
coro: quem morre, se você morrer?
acidentado: aquele por quem ninguém espera
coro: quem morre, se você morrer?
acidentado: ninguém
coro: ninguém morre, se você morrer
agora ele atingiu a sua menor grandeza
multidão: agora ele atingiu a sua menor grandeza

O texto foi experimentado a partir da estrutura do jogo teatral Coro / Protagonista. Através do protocolo escrito por um dos jogadores que fazia o papel do Acidentado, fazemos o recorte desse momento do processo pedagógico:

– Estava eu ali, sentado no meio da sala, sobre uma cadeira giratória. Eu era o centro das atenções, eu era o Acidentado. Ao meu redor, muitas pessoas começavam a me fazer perguntas, gesticular com os braços. De todos os lados havia pessoas, todas essas pessoas me observavam. Queria me desviar de uma delas, me deparava com outra. A fuga era impossível. Todas as pessoas me perguntavam ao mesmo tempo. Ora era uma única voz, ora um eco, ora um coro. Precisava criar coragem e me defender, mas me defender do quê? Mil coisas passaram por minha cabeça naquele momento. Quem era eu? De onde vinha? O que havia feito? Em meio àquele tumulto ouço uma voz da platéia (*multidão*) gritando, pedindo desesperada para que eu parasse de responder às perguntas do Coro. A atitude da pessoa foi tão real que na minha atuação como Acidentado havia atingido uns quatro mil metros de altura. Mas as perguntas das pessoas continuavam e senti que podia sair daquela situação na qual me encontrava. Veio uma força interior e comecei a olhar bem fundo nos olhos de cada pessoa no Coro. Ao mesmo tempo, respondia firmemente às perguntas que as pessoas me faziam. Para minha surpresa, ouço novamente a pessoa na platéia (*multidão*) com seu grito firme e forte. Ela ficou tão desorientada quando nossos olhares se encontraram! Consegui talvez *voar um pouco acima do chão*. Por alguns segundos deixei de ouvir as vozes das pessoas. Apenas olhava uma a uma. Quando todos esperavam um final trágico para o Acidentado, eis que ele, num sorriso patético, saiu-se glorificado por ter atingido a sua *menor grandeza*. Quando as pessoas no Coro me perguntaram *Até onde você voou?* pude responder: voei até onde me deram asas!

Outro protocolo traz um depoimento a partir da perspectiva do papel de Multidão e de Coro:

– Começamos a jogar com o texto "O Exame". A cena não tem uma seqüência com início, meio e fim. Não tem personagens, mas sim papéis. A proposta era jogar o jogo. Seguir o seguidor. Quando fiz a Multidão, reagia conforme os parceiros me faziam propostas. Às vezes era passiva, às vezes tomava posições. Percebi a força que tem a massa quando se une, diante de uma decisão. Depois fui fazer parte do Coro. Antes de iniciar, não sabia como devia agir. Mas pensei "Siga o seguidor"! Foi o transporte para o mundo do jogo. Encontrei meu papel. À minha frente, a figura imponente, segura, do Acidentado. Queria saber quem ele era. Não era apenas um Acidentado? Todo o Coro torcia para que ele caísse. Tentávamos, mas em vão. Às vezes parecia sarcástico, às vezes tentava nos confundir, irritando-nos. Não conseguimos em momento algum convencê-lo. A Multidão, em um momento cênico forte, faz um círculo em volta do Acidentado. Ele vencera. O Coro admirou a atitude do Acidentado. Jogando, consegui entrar no papel, sem imposição. Senti a força da espontaneidade!

3.7. *Interpretações para as Relações Coro / Acidentado / Multidão*

Experimentamos várias versões, inicialmente improvisadas, alternando os papéis dos jogadores. Nasceram aí diferentes interpretações do texto. O exame do Aviador como lavagem cerebral (purgatório), como CPI, o Coro como a voz do consolo. Frases que inicialmente eram ditas com tom ameaçador transformavam-se, através dos gestos que acompanhavam a fala, quase em carícias. A cena toda era modificada e assumia novos significados através da experimentação de gestos no jogo. Bater com o pé no chão, o grito ao pronunciar uma frase, o tom baixo da voz modificavam o sentido do texto. Os papéis foram trocados inúmeras vezes – a vítima se tornava algoz, o acusado virava réu.

A troca de papéis impedia a fixação a partir de uma perspectiva única. Se tivéssemos trabalhado apenas a partir do princípio da identificação com um único papel, o texto teria sido interpretado a partir de uma visão unilateral e não haveria a percepção de atitudes de diversos ângulos. O jogador a quem é recusada a ajuda no papel de Acidentado terá maior clareza quando, ao atuar no papel de Multidão, perceber as razões para a recusa.

A questão da ajuda tornou-se o tema central. Depois de experimentar algumas situações do cotidiano, discutimos a questão da ajuda. Dependendo da forma que assume a ajuda, ela pode tornar dependente e destruir aquele a quem aparentemente pretendemos ajudar. Às vezes, é preciso, para modificar o estado que torna a ajuda necessária, recusar ajuda.

Nem tudo corria de forma tão contínua como talvez possa parecer através do relato. Na maior parte das vezes, retomar os jogos ajudava mais do que insistir em longas análises das cenas realizadas. Problemas de participação individuais foram comparadas com a problemática Acidentado / Multidão na peça didática. A partir daí novas questões foram levantadas.

O indivíduo deve levar em consideração o coletivo? Como deve ser um coletivo que não restringe a liberdade do indivíduo mas propicia os meios para que as necessidades individuais possam ser melhor satisfeitas? Como poderia isso ocorrer em um país onde as necessidades básicas ainda precisam ser conquistadas? Por que alguns querem ser melhores do que outros, às custas dos outros?

Através do jogo com o texto da peça didática e das avaliações reflexivas, cristalizaram-se algumas interpretações para a relação Coro / Multidão / Acidentado:

– O Coro, com o apoio da Multidão, quer aniquilar o Acidentado.
– A Multidão é uma massa violenta, irracional e o Coro a consciência do Acidentado.

– O Coro tem a função de realizar a lavagem cerebral do Acidentado, mas a Multidão (a opinião pública) ajuda o Acidentado e ele é salvo.

3.8. Depoimentos

Através dos depoimentos dos professores participantes podemos auferir a aprendizagem durante o curso de reciclagem na FDE:

A peça didática favorece a apropriação do saber pelo aluno. O poder é distribuído igualmente entre todos. Construindo minha solução dramática, contribuo para o todo. A escola tem que ser chata, séria, *boring*? Por que o jogo é para a hora de lazer, não de aprender? Prazer e aprender precisam ficar desvinculados no processo de aprendizagem?

Encenamos "O Exame" em uma reunião de professores e foi muito proveitoso. Fiz também "As Duas Moedas" com um grupo de alunos de sétima série que está passando por um problema sério de falta de limites. Acharam estranho no início mas depois os comentários foram produtivos.

Durante o bimestre que foi de outubro a dezembro de 1992, apliquei alguns dos conhecimentos adquiridos durante o curso na sala do primeiro colegial B, onde havia muitos alunos que pretendiam abandonar a escola, devido ao excesso de notas vermelhas e de faltas.

O que aconteceu de positivo:

– a mudança da minha atitude como professora
– a mudança de atitude dos alunos na sala que passaram a gostar mais da escola, devido aos encontros durante os jogos com a peça didática
– a valorização da disciplina Educação Artística
– a integração da classe

O que aconteceu de negativo:

– falta de material para a pesquisa
– as aulas eram de quarenta e cinco minutos, duas vezes por semana

Conduzi a seqüência das aulas a partir das respostas dos alunos. No primeiro encontro houve necessidade de identificar os alunos pelo nome através de um *crachá*. Alguns não se conheciam, apesar de a maioria estar estudando com o mesmo grupo desde a sétima série.

Cada aluno se apresentava através de um gesto e dizia seu nome. No final desse dia, de mãos dadas no círculo, jogamos e cantamos os versos "Vem vento Caxinguelê. Cachorro do mato vai te mordê". Em outros encontros fizemos diversos jogos de integração como construir ra-

97

pidamente um objeto com a participação de todos – uma travessa de macarrão, fruteira, cactos, ônibus. Jogamos jogos populares brasileiros como "Passa passa gavião" e "Somos três mocinhos que viemos da Europa". Trabalhei com o texto "A Segunda Investigação", pedindo que os alunos trouxessem recortes de jornais, cartazes, revistas, ou uma imagem mental para ser experimentada no jogo. Após a discussão, acalorada, em torno da questão *se o homem ajuda o homem* escreveram textos – "A Rainha Collor Rilda" e "O País das Bananas".

3.9. Considerações

Nas oficinas com os professores da escola pública, pude comprovar que é possível trabalhar com a metodologia de jogo com a peça didática em diferentes situações. Através dos depoimentos, é possível verificar que o trabalho com o modelo de ação propiciou a transferência da aprendizagem dos professores para novas situações de ensino / aprendizagem.

A instituição da educação através da arte como atividade obrigatória no currículo da escola brasileira foi uma das novidades trazidas pela Lei de Diretrizes e Bases (Lei 5692/71). Antes dela, a existência de algumas matérias optativas faziam acreditar que a arte já fazia parte do currículo.

Entre as inúmeras críticas que podem ser feitas à lei 5692/71 está o paradoxo existente entre ela e as condições em que foi implantada, o que ocorreu efetivamente em 1976. Na realidade, havia um número bastante reduzido de professores habilitados em Educação Artística para um grande número de aulas. Então, aqueles que adquiriram temporariamente (até que cursassem a complementação de estudos) o direito de atuar na área de Educação Artística, não tiveram outro preparo além da participação em encontros de alguns poucos dias.

Essa realidade deveria ter sido modificada a partir do momento em que os novos cursos formassem, professores novos. Porém tal não ocorreu. Cursos de formação permanente como esse do qual fazemos o relato aconteceram em número muito reduzido.

De uma forma geral, o ensino oferecido nos Cursos de Licenciatura em Educação Artística reduzem em generalidades as complexas relações entre o conhecimento sobre a arte e a educação. A Licenciatura Curta em Educação Artística (com dois anos de duração) revelou-se insuficiente para formar professores.

Hoje os arte-educadores brasileiros reivindicam o espaço das linguagens específicas – música, artes visuais, dança e teatro no currículo escolar. Precisamos continuar a luta política e conceitual para que o teatro seja definido como matéria de estudo do currículo na escola oficial.

4. O TRABALHO ALEGRE

> Os Atores: *Vamos representar hoje a vida dos homens entre os homens.*
> O Pensador: *E o que querem provar com isso?*
> Os Atores: *Não sabemos. O que Você acha que pode ser provado se representarmos a vida dos homens entre os homens?*
> O Pensador: *De nada, nada virá.*
> Os Atores: *???*
> O Pensador: *Como o homem não é nada, ele pode vir a ser tudo.*
>
> BERTOLT BRECHT

Abro o capítulo com um título promissor para uma prática de ensino e aprendizagem. Brecht denomina a prática teatral de *die lustige Arbeit* (trabalho alegre). A "escola alegre" de Paulo Freire seria o espaço ideal para a relação dialógica entre professor e aluno, propiciada pelo trabalho alegre do teatro. A proposta para uma prática de ensino dessa natureza é promissora e necessária dentro da instituição escolar brasileira.

101

4.1. Carrossel e Planetário

Brecht desenvolve no *Messingkauf* (*A Compra do Latão*) dois conceitos opostos de teatro – o teatro tradicional, que repousa sobre o princípio da identificação, é comparado a um carrossel, enquanto que o novo teatro, o teatro épico, é comparado a um planetário.

O novo tipo de teatro, o teatro épico, será comparado com uma conhecida instituição para demonstrações astronômicas, o planetário. O planetário mostra o movimento dos astros, até onde são conhecidos (GW 16, 540).

Brecht compara o velho teatro, o *teatro da identificação*, com um carrossel:

Vamos subir em um daqueles grandes carrosséis, que nos transportam sobre cavalos ou carros ou aviões de madeira ao longo de paisagens montanhosas desenhadas nas paredes. Ou entremos no trem fantasma que nos leva a lugares perigosos. Cavalgamos, voamos e dirigimos na imaginação. A música provoca em nós um leve transe. Os cavalos, carros e aviões não resistiriam ao exame de zoólogos e engenheiros, os desenhos de parede ao de geógrafos mas nós temos as sensações de pessoas que cavalgam, guiam e voam através de grandes alturas e profundidades. Na imaginação estamos dirigindo (GW16, 341).

Brecht nada diz contra o carrossel e o prazer causado pelo ato de cavalgar ou voar, ainda que na ficção. O que está em discussão é a função do imaginário quando fundado apenas sobre o processo de identificação.

Seria inútil a tentativa de melhorar a representação da paisagem, dos ambientes perigosos ou dos veículos. Representações mais realistas não ajudariam a entender melhor o ambiente social.

O espectador é ativo no teatro do tipo carrossel mas apenas imaginariamente, e aparentemente passivo no tipo planetário. Falta ao processo da identificação a avaliação reflexiva – o instrumento da conquista do conhecimento.

A questão como ensinar e aprender é um dos temas centrais da *Compra do Latão*, em que o Dramaturgo indaga:

E como se aprende, a partir da experiência? No teatro não observamos apenas, também experimentamos. Existe melhor forma de aprendizagem?

E o Filósofo responde:

Não aprendemos nada com a experiência, sem a introdução de elementos de comentário. Existem muitos momentos que impedem o aprender ao experimentar. Por exemplo, quando determinadas mudanças da situação se processam de forma demasiado lenta, imperceptivelmente, como se costuma dizer. Ou quando, através de outros incidentes, a atenção é dispersada. Ou quando se buscam as causas em acontecimentos que não eram causa. Ou quando aquele que experimenta tem fortes preconceitos.

Dramaturgo: Ele não abandonaria seus preconceitos através de determinadas experiências?

Filósofo: Só se tiver refletido. Mesmo assim, ainda pode esbarrar em obstáculos.

Dramaturgo: Aprender fazendo não é a melhor escola?

Filósofo: No teatro não aprendemos apenas fazendo. É errado acreditar que toda experiência é um experimento e querer retirar da experiência todas as vantagens que tem um experimento. Há uma enorme diferença entre uma experiência e um experimento (GW 16, 527).

Brecht utiliza os termos *Erlebnis* (experiência) e *Experiment* (experimento). O verbo *erleben* tem o significado de viver, chegar a uma certa idade, experimentar, podendo ser colocado como equivalente ao termo inglês *experiencing*.

A diferenciação estabelecida por Brecht para o conceito de aprendizagem insinua uma visão crítica do princípio pedagógico *learning by doing*, que se limita a expor o aluno a uma situação de aprendizagem, sem que haja uma problematização do objeto a ser aprendido. Brecht refere-se a *elementos de comentário que devem ser introduzidos na experiência.* Ou seja, a reflexão deve conduzir o processo de aprendizagem, transformado, então, em experimento. Em outro trecho da *Compra do Latão*, a pergunta é retomada quando o Dramaturgo exige:

O ensinamento deveria ser imperceptível.

Ao que o Filósofo responde:

Acredite, aqueles que querem o ensinamento imperceptível não querem ensinar (GW 16, 638).

Nesse sentido, o conceito de aprendizagem no teatro épico é um processo dialógico-estético produzido através da atividade dramática, na qual os atuantes procedem a uma investigação sobre as relações dos homens entre os homens.

4.2. Texto Literário e Texto Teatral

O texto dramático, no teatro épico, propõe uma situação social universal, a qual será concretizada e historicizada através dos atores em cena.

No *Lehrstück* a historicização é experimentada corporalmente pelo espectador / jogador, através do exercício de gestos e atitudes. Através do jogo teatral com o modelo de ação dá-se o confronto com as singularidades (o cotidiano dos participantes).

Os procedimentos de estranhamento são construídos através do destacamento de características singulares – a partir da percepção e observação de gestos. Embora o texto da peça didática repouse sobre a forma literária, esta é atualizada pelos participantes do experimento estético.

A *Episches Schaustück* (peça épica de espetáculo) e a *Lehrstück* (peça didática) formam os dois pólos do trabalho teatral de Brecht. Enquanto na peça épica de espetáculo o texto é representado sobre um palco, dentro da instituição teatral; no caso da peça didática "não há necessidade de espectadores, embora eles possam ser utilizados" (GW17, 1024).

A peça épica de espetáculo foi escrita para ser representada por atores profissionais, enquanto a peça didática é dirigida a leigos. A coordenação do experimento com a peça didática assume a característica de um trabalho pedagógico-cultural.

A distinção também pode ser estabelecida a partir do conceito de *poiesis* e *aistesis*. A primeira acentua o fazer, o operar no campo artístico e literário. As peças didáticas de Brecht, na sua condição de disposições dramáticas para

104

a produção coletiva de obras teatrais, estão submetidas à primeira dessas máximas, enquanto que as peças épicas de espetáculo podem ser enquadradas, segundo essa ótica, no domínio da *aisthesis*, ou seja, da recepção estética que pressupõe o processo de elaboração interior. Os grandes textos clássicos de Brecht pertencem a essa segunda categoria.

O texto literário pode ser definido como um grupo de frases que, ao serem reunidas, servem para expressar um enunciado. Na literatura, o texto se refere a palavras escritas – no estudo do teatro esse significado precisa ser alargado. Denominemos o universo criado através de palavras de texto literário, enquanto o universo criado através da materialização cênica (ações e imagens físicas que podem ser de ordem dramática, plástica ou musical) será denominado texto teatral.

A diferença entre texto literário e texto teatral reside na relação criada com o espectador e/ou participante da ação dramática. As ações e imagens emergem fisicamente na construção do texto teatral, enquanto que no texto literário elas permanecem interiorizadas na mente do leitor. No palco, as personagens aparecem em cena, enquanto a leitura da criação literária, como é o caso de poemas e romances por exemplo, prescinde de ser compartilhada com o outro. O leitor cria o universo da obra imaginariamente, atribuindo-lhe qualidades iconográficas.

No teatro tradicional o texto teatral programa a reação da platéia através do processo de identificação que organiza esteticamente a maneira através da qual o significado do texto é absorvido. O teatro épico instaura um processo de conhecimento dialético, onde o espectador não mais vivencia uma identificação com as personagens e as situações representadas, mas se posiciona criticamente diante delas.

A autoria do texto dramático tradicional é do dramaturgo enquanto tradicionalmente a autoria do texto teatral é do diretor que instrui atores, iluminadores, cenógrafos etc.

Essa autoria é relativizada na peça didática. Benjamin (Benjamin, 1978) faz um depoimento de seus diálogos com Brecht:

Se pedíssemos ao autor dos *Versuche*, da mesma forma crassa como ele o faz com suas personagens, para confessar-se diante de si mesmo, ouviríamos o seguinte: "Eu me recuso a utilizar o meu talento livremente, eu o utilizo como educador, político, organizador. Não há nenhum ataque contra a minha aparição literária-plagiador, sabotador, inoportuno, que eu não reivindicasse para a minha atuação antiliterária, anônima mas planejada como um homem de honra".

Durante a fase de experimentação dos *Versuche*, Brecht não concebia suas peças como obras, mas desde o seu ponto de partida como experimentos para modificar determinadas instituições.

As peças didáticas foram escritas como elos de uma cadeia. Cada *Versuch* (tentativa) vale por si mesma e a ela se opõe um contratexto ou uma *Gegenstück* (contrapeça), uma oposição contraditória. A relação entre texto e contratexto é dialética. Ao mesmo tempo oponentes e partes mutuamente constitutivas, a forma poética dos textos das peças didáticas de Brecht prefiguram procedimentos de trabalho prático. Na cadeia de tentativas com as peças didáticas, escritas antes do exílio, esse procedimento dialético pode ser claramente identificado.

A modificação do texto não é restrita ao autor. Brecht afirma com ênfase que o texto ou, mais precisamente, a parte que ele denomina *comentário* pode ser modificado pelos próprios participantes do *kollektiver Kunstakt* (ato artístico coletivo).

A forma poética do texto de Brecht prefigura uma metodologia que visa provocar a atitude de estranhamento, ou de espanto, como sugere o teatro da crueldade brechtiano, apelido que tem recebido o *Lehrstück* em análises literárias alemãs.

O texto teatral, criado através do ato artístico coletivo, é materializado cenicamente, historicizando a *Weltanschauung* (visão de mundo) dos participantes.

O modelo de teatro de tipo planetário serve em primeiro lugar ao exame crítico da realidade. Os procedimentos de estranhamento buscam instaurar a conquista do conhecimento, a partir da experimentação prática, no exemplo da peça didática. A metodologia brechtiana tem por objetivo evitar uma aceitação passiva do modelo de ação.

4.3. Perspectivas para uma Prática de Ensino e Aprendizagem

Na escola, não se aprende normalmente através da experiência, mas sim através da didática (técnicas de organização do aprendizado). A experiência não é incorporada em processos pedagógicos.

Ali onde o conceito de experiência é discutido de forma positiva, seu acento reside de certa forma sobre o momento objetivo da experiência.

Ao mesmo tempo é visível a tendência generalizada para libertar-se o mais rápido possível da experiência para fazer com que ela se constitua novamente em conceito. A abstração é a verdadeira meta da aprendizagem teórica.

O ponto de partida – a experiência – torna-se dessa forma pretexto didático que serve apenas para convencer os alunos a confrontar-se, em um segundo momento, com processos de aprendizagem estruturados (geralmente predeterminados).

Essa elaboração da experiência constitui apenas uma nova camada da aprendizagem acadêmica. Assim, a relação com a prática social é interrompida e perspectivas de ação aparecem como declamatórias.

Processos de aprendizagem que pretendam ter como ponto de partida a experiência e que pretendam desenvolvê-la necessitam ser organizados sem que a continuidade da experiência seja interrompida. A elaboração da experiência não é apenas uma questão de conceitos, mas sim de conteúdos, de metodologia de aprendizagem.

O aprendizado estético é momento integrador da experiência. A transposição simbólica da experiência assume, no objeto estético, a qualidade de uma nova experiência. As formas simbólicas tornam concretas e manifestas as experiências, desenvolvendo novas percepções a partir da construção da forma artística. O aprendizado artístico é transformado em processo de produção do conhecimento.

4.4. *"De Nada, Nada Virá"*

Durante o segundo semestre de 1994, trabalhei com um fragmento de Brecht chamado "De Nada, Nada Virá". Faço o relato desse experimento com os alunos do Curso de Licenciatura em Educação Artística com Habilitação Plena em Artes Cênicas.

O grupo era constituído de seis alunos, sendo três regulares do Curso de Graduação e três ouvintes, dois profissionais que atuam na área de ação cultural e uma atriz.

O projeto do curso visa à formação de coordenadores de jogo. Essa tarefa de formação do educador foi o principal objetivo, ao empregar a metodologia de trabalho com a peça didática.

"De Nada, Nada Virá" não é classificada por Brecht como *Lehrstück*. Escrita no mesmo período, aproxima-se antes das *Übungsstücke für Schauspieler* (peças de exercícios para atores). No prólogo do texto, os atores cumprimentam publicamente o pensador.

(*Os atores carregam o Pensador, em uma maca, para o palco.*)
Atores: Há muito tempo, Pensador, você não aparece no teatro. Nesse meio tempo, trabalhamos e progredimos muito.
Pensador: Se progrediram o suficiente, podemos iniciar! O que vão representar hoje?
Atores: Hoje à noite íamos apresentar a peça *Uma Tragédia Americana*. Mas como veio até aqui inesperadamente, Pensador, representaremos uma peça para você.
Pensador: É bom saber que é indiferente o que irão representar.
Atores: Explique aos espectadores o que se passa aqui em cima. Não estão acostumados com o pensamento no teatro.
Primeiro Ator: Atores como nós existem muitos.
Segundo Ator: Nem tantos.
Primeiro Ator: Ainda assim, existem alguns. Mas público existe aos montes.
Segundo Ator: Nem sempre.
Primeiro Ator: Às vezes. Mas raramente um Pensador vem até aqui.

Walter Benjamin dá um depoimento de como Brecht imaginava que o Pensador entraria em cena, no teatro. "Ele seria trazido em uma maca e acompanharia os acontecimentos em cena em silêncio" (Benjamin, 1978).

Os atores vêem para o palco, sobre o qual são colocadas duas banquetas, uma cabana, duas varas, uma pedra, uma tigela com crostas de pão. Na cena, dois pastores, empregados por seu sindicato, são constantemente ameaçados por ladrões. No diálogo entre o Pastor mais Velho e o Pastor mais Jovem nasce a contradição entre *Wahrheit* (verdade) e *Nützlichkeit* (utilidade).

O Pastor Mais Velho: Nossos rebanhos estão cada vez menores. Toda semana ladrões levam os nossos melhores animais.

O Pastor Mais Jovem: Pergunto, amigo, por que os ladrões não haveriam de roubar nossos rebanhos?

O Mais Velho: Porque nós guardamos esses animais, procuramos pastos para eles e temos muito trabalho.

O Mais Jovem: Mas quando os ladrões os levam, não os guardam? Não procuram pastos?

O Mais Velho: Esta pergunta é muito estranha.

O Mais Jovem: Não tem resposta?

O Mais Velho: Não.

O Mais Jovem: Eles também tem trabalho com nossos animais.

O Mais Velho (pega a vara): É essa a sua resposta?

O Mais Jovem: Quando alguém faz uma mesa, essa mesa lhe pertence. Nós fizemos os animais?

O Mais Velho: Não. Os bois não nos pertencem, meu amigo?

O Mais Jovem: Não.

O Mais Velho (bate nele com a vara): Os bois não nos pertencem?

O Mais Jovem: Não.

O Mais Velho: Os bois não nos pertencem?

O Mais Jovem: É permitido bater em alguém que está dizendo a verdade?

O Mais Velho: Não (...)

O Mais Jovem: Eu disse a verdade.

O Mais Velho: Você não disse a verdade. Fico com raiva quando um homem adulto não encontra, entre centenas de verdades, aquela única que lhe será útil.

Os dois procuram um substituto barato para tomar conta dos bois. A partir da pergunta levantada – quem será o real proprietário dos animais, eles mesmos, o sindicato ou talvez os ladrões – nasce a questão: homens fortes são os melhores guardas para os bois? Homens fortes custam caro e comem muito.

O Mais Velho: Que tipo de guarda vamos colocar?
O Mais Jovem: Um guarda suficientemente forte.
O Mais Velho: E quem é forte o suficiente?
O Mais Jovem: Gogerkok é o mais forte. Depois de mim.
O Mais Velho: É o maior glutão, depois de você. Vai comer um boi por semana.
O Mais Jovem: Então pega o Jambek. Não é o mais forte, mas come menos.
O Mais Velho: Vai querer um boi a cada duas semanas.
O Mais Jovem: Com qual deles ficamos?
O Mais Velho: Precisamos de alguém que necessite do cargo.
O Mais Jovem: Qual dos dois necessita do cargo?
O Mais Velho: O mais miserável. O mais fraco. O mais pobre. Alguém que não seja nada. Esse devemos contratar.
O Mais Jovem: Mas ele não será o mais forte.
O Mais Velho: Mas será o mais barato.

No trabalho desenvolvido com os alunos na ECA, fizemos esse primeiro recorte do texto.

O pensador do prólogo foi assumindo a função de modelo para a minha coordenação. Ele intervinha, propondo o foco e dando instruções no jogo teatral e estimulando os comentários dos jogadores durante o processo de avaliação coletiva.

Experimentamos vários procedimentos como os jogos de apropriação do texto, jogos com troca de papéis e vários jogos teatrais com foco no gesto. Nos protocolos escritos pelos participantes do projeto existem depoimentos sobre o processo.

O que nos ajudou muito na compreensão deste aprendizado dialético foram os jogos de troca de papéis. Através desses jogos vivenciamos os dois lados da moeda. Ou seja, assumindo os papéis de Pastor mais Velho e Pastor mais Jovem, construímos gestos. Esse exercício interioriza a contradição e a torna evidente. A partir daí, pudemos aproximar e distanciar as atitudes dos pastores, questionar e ficar assombrados. Com esses jogos fomos nos libertando pouco a pouco do maniqueísmo ao qual estamos condicionados.

O que mais me impressionou neste processo, foi como o texto de Brecht encaminha a discussão. Trabalhar colado ao texto foi extremamente

110

interessante. Às vezes tive a impressão que o próprio mestre se colocava nas frases para nos mostrar algo que estava escondido. O jogo se estabelecia e então apareciam os impasses dentro da situação proposta. Eis que a próxima frase vinha em nosso socorro e nos revelava uma possibilidade incomum e excitante em que não havíamos pensado. Xeque-mate! Na hora que achávamos que estávamos numa posição segura, lá vinha ele e nos dava uma rasteira, destruindo todas as nossas ineficientes certezas. E quando nos recolhíamos à segurança da representação, vinha o pensador do prólogo, na voz do orientador (*Ingrid*), e nos jogava de novo na arena de nosso próprio questionamento.

A principal função da discussão é evidenciar a contradição, como se ela fosse colocada sob uma lente de aumento. Não existe no diálogo uma solução conciliatória.

Um procedimento interessante, descoberto no processo de trabalho com "De Nada, Nada Virá" foi a investigação das atitudes, através da experimentação de novas soluções para a contradição entre verdade e utilidade. Através do jogo foi possível descobrir que a única solução correta é apenas uma, entre muitas soluções possíveis. O exercício da linguagem gestual permitiu liberdade de experimentação.

O gesto, a atitude, meios concretos de investigar, de pôr as próprias mãos no barro humano. Agora, engolir esse barro de gosto estranho, amargo / doce, devolvê-lo transformado. Dando forma ao barro através de recortes da realidade. Ela deixa de ser absoluta em sua grandeza informe e por isso impenetrável, imutável.

É muito bom perceber que existem instrumentos à mão. Transformar o olhar sem precisar de ordens ou da cristã / humana dor, transformar brincando, atento ao jogo. Experimentando gestos e atitudes, fazendo recortes da realidade e estabelecendo contextos. A realidade se torna mais visível, mais palpável.

Para descondicionar o olhar, dar forma ao gesto, uma estratégia prazerosa: jogar. Assim, aprender como criança que não dissocia o ato de conhecer do prazer de conhecer, experimentando, imitando, observando, repetindo o experimento... Investigar as relações humanas refletindo e explorando sensório-corporalmente gestos e atitudes.

O pagamento de Bogderkahn, *o mais fraco, o mais miserável, o mais barato*, será de três crostas de pão e uma moradia com um cobertor para o frio.

Enquanto troca de roupa, no intervalo entre as cenas, o ator conversa com o Pensador:

111

O Ator: O que achou da minha representação do Nada?

Pensador: No início fiquei temeroso que a grande apresentação pudesse ser prejudicial. Temia que você ficasse tentado a fazer coisas em excesso. Mas você não fez. Por que estava sorrindo, logo no início da primeira cena?

Ator: Significava que eu era alegre. O Nada não pode sorrir?

Pensador: A sua atitude era de exigência?

Ator: Eu queria tudo, ao menos um pouco, quase nada. Queria tanto quanto possível. Eu queria ser alguma coisa.

Pensador: Parecia que você esperava fazer alguma coisa do Nada.

Ator: Mesmo assim continuava Nada.

Pensador: O Nada parece estar em dificuldades nos dias de hoje.

Ator: Você reparou que estou convencido que todos somos Nada?

Pensador: Como você mostrou isso?

Ator: Assim "...".

Pensador: Como? Pode repetir?

Ator: (*repete o gesto*)

Pensador: O que mais gostei é que o Nada era um ser humano, uma forma singular e única do Nada. Um ser humano que era Nada.

Ator: Ele queria vir a ser alguma coisa.

A última cena do fragmento inicia dentro da cabana. Bogderkhan está escondido embaixo de peles espalhadas pelo chão. Está apavorado com a perspectiva de soldados que querem roubar os rebanhos. Faz de conta que está morto. Para os pastores Bogderkahn deixou de ter utilidade. Representa agora uma ameaça, já que os soldados podem voltar a qualquer momento. Os pastores querem desvencilhar-se do Nada.

"De Nada, Nada Virá" permite o exercício com *Paralellszenen* (cenas paralelas). As cenas paralelas para *Hamlet* e *Romeu e Julieta* foram escritas por Brecht como peças de exercício para atores. Elas transportam o drama real para um ambiente prosaico. Brecht queria que os atores reestabelecessem o interesse pelos acontecimentos históricos e estranhassem a estilização dos versos criados por Shakespeare. As cenas paralelas não foram escritas para serem incluídas na representação. Elas servem apenas para ensaio e visam propiciar uma construção dialética da personagem.

No trabalho com os alunos na ECA, utilizamos o procedimento de trabalho com as cenas paralelas com o objetivo de propiciar a investigação dialética de atitudes. As variantes improvisadas eram trabalhadas "coladas ao texto", princípio adotado durante todo o processo.

Começamos a trabalhar com a fábula da peça, agora determinando ONDE / QUEM / O QUE. Estabelecendo o Onde na Praça da Sé, encontramos as personagens de nossa realidade. Os pastores deixaram de ser pastores de animais de um lugar distante (nas pradarias russas) e se transformaram em pastores evangélicos. Bogderkhan era um menino de rua. Na discussão coletiva decidimos investigar as atitudes dos pastores no cumprimento de obras assistencialistas e as atitudes do menino de rua na teia de ligação do crime organizado e da polícia. Aproximando a lente da fábula de nós mesmos nos colocamos a questão do associal. O que é associal? Por que certas atitudes são aceitas como socialmente integradas e outras não?

Se por um lado temos os pastores evangélicos numa roupagem de bom-meninismo, por outro lidamos com o tema das perversões. Se por um lado não queríamos mostrar o estereótipo do líder crente e carismático mas antes dois missionários do Senhor com boa-fé, imbuídos com a tarefa sincera e humana de ajudar o próximo, do outro encontramos o marginal ou o ser marginalizado socialmente, à margem do mundo saudável e politicamente correto.

Ninguém é humanamente só bom ou só mal. É verdade que os gestos exteriores nem sempre são compatíveis com a atitude interior. Os pastores sabem que também podem exercer a maldade? Ou estão cegos diante de uma missão humanitária tão nobre? Eles se dedicam ao trabalho assistencial por amor ao próximo ou por que acreditam estar sendo melhores diante de Deus? O trabalho de assistência atende à sua consciência como bons cidadãos, lhes dá boa reputação e enobrece a igreja / empresa na qual comungam.

O Nada tem um único interesse, que é o da sobrevivência. Sua atitude obedece às suas necessidades básicas, a fome.

O homem é bom ou mal de acordo com a utilidade da verdade ou da mentira. O homem ajuda o homem quando seus interesses são atendidos.

Em outro protocolo encontramos:

Quem são os pastores evangélicos e quais os seus objetivos? Eles querem ajudar o menor de rua? O que significa a ajuda? Os pastores se preocupam com a perda de seus rebanhos. Oferecer o reino do céu ao menor de rua é útil para eles?

O que significa o trabalho assistencialista? Precisamos enquadrar o outro, incômoda diferença, aos nossos padrões. O menor de rua participa de uma teia comercial no submundo, portanto interessa. Mas ele não se enquadra socialmente, é o retrato visível de que algo está errado. A sociedade prefere não ver seus próprios dejetos. Eu posso usar o menor, mas eu não quero vê-lo, eu o odeio. Posso eliminá-lo à força ou posso tentar cooptá-lo para meus interesses. Assim eu o ajudo. Eu o amo. Ele passa de retrato de meu fracasso a retrato de minha generosidade. O novo retrato tem cheiro de sabonete, tem roupa decente, cara de criança. Mas o moleque é gente que teima e, inquieto, gosta da rua. Joga comigo e recusa esse falso carinho. Ele não é o que eu queria que fosse. Talvez seja melhor sumir de vez com ele. Afinal de contas eu só queria ajudar e ele recusou minha ajuda. O homem ajuda o homem?

O que o menor de rua espera da vida? Ele também é esperto. Ele tem fome, uma fome antiga e grande. Quer se dar bem, quer passar para o outro lado. Do lado de lá, sua imagem também incomoda. O policial que invade o morro para revistar criancinhas já foi uma criancinha revistada. Ele é igual aos pastores. Ele não é santo nem bandido, ele é homem. Mas o homem quando chega a ser Nada talvez se mostre mais santo e mais bandido. Hoje ele é Nada, mas amanhã pode vir a ser tudo. O que esse menino quer vir a ser? Existe limite para o vir a ser?

A peça didática propõe o exercício de uma "didática não depositária" (Freire, 1970), pela qual o aluno constrói o conhecimento e avalia até onde caminhou com o conteúdo, em lugar de se ver confrontado com um objetivo de aprendizagem pré-determinado.

Como é introduzido esse processo? Para onde se dirige? Como é estruturado?

O eixo dessas questões deve ser buscado, acima de tudo, na atitude do coordenador.

Brecht não entende por ensaio a submissão à disciplina daquilo que já está estabelecido na cabeça do diretor de teatro. Ensaio de teatro significa para Brecht experimentação.

Brecht pretende que o diretor exija, no ensaio teatral, que várias possibilidades sejam simultaneamente mantidas. É perigoso ser forçado a encontrar rapidamente a única solução correta. Ela só poderá ser uma entre várias soluções possíveis. Não existe solução certa ou errada. Vale a pena experimentar durante os ensaios várias soluções. Dessa forma a seleção será enriquecida.

A produtividade dos participantes é irregular. Eles produzem em tempos diferentes e necessitam estímulos diversos. Cada um dos participantes tem interesses diversificados, que devem contribuir para a solução investigada pelo coletivo dos jogadores.

É tarefa do coordenador desvendar crises e desmascarar soluções esquemáticas, costumeiras, convencionais.

A confiança que os participantes depositam no coordenador advém da sua capacidade de decifrar aquilo que não é solução, contribuindo com perguntas, dúvidas, multiplicidade de pontos de vista, comparações, lembranças, experiências.

O coordenador organiza a atitude de espanto. Ele lança perguntas. Por que disse isso? Por que disse aquilo? Eu disse isso? Ele disse aquilo?

5. A CATEGORIA ESTÉTICA DO JOGO TEATRAL COM O MODELO DE AÇÃO BRECHTIANO E SUA CONTRIBUIÇÃO PEDAGÓGICA

> Tematizar é construir um novo conhecimento para um velho e esquecido saber.
>
> JEAN PIAGET

De acordo com Piaget, adaptar-se ao meio é construir um conjunto de relações e situar-se entre essas relações, graças a uma atividade de coordenação que implica a descentração e reciprocidade nos pontos de vista. Através da coordenação gradual das ações – denominador comum do sistema de operações da razão e da cooperação interindividual – a criança chega ao pensamento reversível, condição básica e indispensável para participar de fato do círculo de cooperações sociais.

Para Piaget, as formas mais avançadas encontram-se no modelo de pensamento lógico-formal, quando a perspectiva do outro está inteiramente incorporada à reflexão. Embora Piaget reconheça que a cooperação social favorece a descentração cognitiva, necessária à formação do pensamento lógico, as relações de cooperação só aparecem a partir de um determinado nível de desenvolvimento, mais especificamente, com o estabelecimento do pensamento operatório.

Diante dessa argumentação, podemos afirmar que a sociedade estruturada, objetiva ou coercitiva, alienada ou formadora, só existe para o sujeito depois de um certo nível de desenvolvimento. Ainda assim, a própria existência do conceito de sociedade necessita ser reconstruída ao nível intelectual, já que o conceito de sociedade é um conceito abstrato. A experimentação com a matéria social – quando as relações dos homens entre os homens são tematizadas no jogo teatral – é favorecida quando a criança exercita relações de reciprocidade no jogo teatral.

O conceito de *jogo de construção*, cunhado por Piaget (Piaget, 1975), não classifica esses jogos como categoria na evolução genética da criança, mas sim como instrumento para o desenvolvimento da criatividade humana – em direção à educação estética e à práxis artística.

A expressividade da criança é uma manifestação sensível da inteligência simbólica egocêntrica. Através da *revolução coperniciana* que se opera no sujeito ao passar de uma concepção de mundo egocêntrica para uma concepção de mundo descentrada do Eu, as operações concretas iniciam o processo de reversibilidade do pensamento. Esse princípio da reversibilidade irá operar uma transformação interna na noção de símbolo na criança. Seu jogo passa a assumir as características de um jogo de construção.

Integrada no pensamento, a assimilação egocêntrica do jogo simbólico cede lugar à imaginação criadora. No jogo, a consciência do *como se* é gradativamente elaborada, podendo ser trabalhada em direção à articulação de uma linguagem artística – o teatro.

No jogo teatral, através do processo de construção da forma estética, a criança estabelece com seus pares uma relação de trabalho, onde a fonte da imaginação criadora – jogo simbólico – é combinada com a prática e a consciência

118

da regra, a qual interfere no exercício artístico coletivo. O jogo teatral passa necessariamente pelo estabelecimento do acordo de grupo, através de regras livremente consentidas entre os parceiros.

No trabalho com o modelo de ação, a prática do jogo teatral propiciou a *tematização* (Macedo, 1993) do texto.

Embora fosse mantido o procedimento ''colado ao texto'', a linguagem gestual permitiu que as falas fossem transportadas para diferentes situações sociais, revelando relações do cotidiano dos participantes do experimento.

Nesse sentido, podemos estabelecer um paralelo com o conceito de tematização piagetiano, o qual propõe que o conhecimento é reconstruído e transformado, a partir do já conhecido. Para Piaget, o conhecimento só pode ter estatuto de correspondência. Não existe conhecimento *a priori*. Conhecer é vir-a-ser continuamente. O que importa, na visão piagetiana, é a ação de ler, interpretando um texto, e não aquilo que, por ter-se tornado linguagem, esse texto é capaz de transmitir por si só. Para Piaget, quando nasce um leitor, nasce também um texto – mesmo que esse texto e essa escrita já estejam constituídos culturalmente.

Para a escola piagetiana, a criança já sabe escrever desde antes do primeiro dia de aula. Esse saber conhecerá muitos aperfeiçoamentos no processo de sua necessária tematização. Ao ser tematizado, o texto se torna mais legível e publicável, para o seu autor e para os outros.

No processo de trabalho com o modelo de ação, a tematização assume o caráter de discussão da cena pública e privada. *O político é pessoal e o pessoal é político*, de acordo com uma das máximas do feminismo alemão contemporâneo. A tematização do modelo de ação se dá através do jogo teatral e da avaliação reflexiva. A interação no jogo leva a uma multiplicidade de imagens e associações, que são experimentadas corporalmente, através da linguagem gestual.

Os participantes desse processo pedagógico são colocados em uma situação onde experimentam, dentro de um cenário ficcional, acontecimentos que envolvem contradições sociais. Através da interação com os parceiros, os jogadores se adaptam às exigências do problema, encenado dramaticamente. Os pensamentos e a atuação dos jogadores são continuamente desafiados por questões colocadas pelo modelo de ação e através das perguntas de avaliação, propostas pelo coordenador e pelos comentários dos parceiros. Existe, portanto, uma série de exigências de adaptação, colocadas para o jogador e, ao mesmo tempo, muitas oportunidades para praticar o pensamento dialético. Dessa maneira, os participantes ganham um *insight* mais intenso sobre os rituais diários de manipulação social.

Ao mesmo tempo em que o texto fornece o modelo de ação, ele é meio da investigação coletiva. Atitudes experimentadas no jogo teatral levam os participantes a exercer imitação crítica. O gesto modifica o próprio conteúdo do texto, embora as palavras sejam mantidas literalmente. Nesse processo, a investigação sobre as relações dos homens entre os homens não é tematizada em detrimento do caráter estético da representação. Ao mesmo tempo, a ênfase não é colocada sobre uma estética imanente, *per si.*

Embora o modelo de ação repouse sobre a forma poética da dramaturgia da peça didática, essa forma é atualizada através da relação dialógica entre jogo teatral e texto.

Essa dialogicidade (sem dúvida acentuada no confronto com o modelo de ação) é estabelecida em um momento anterior à introdução do texto, através do processo de jogos teatrais.

O foco da investigação coletiva – a relação dos homens entre os homens é inicialmente trabalhado através de uma seqüência de propostas no jogo teatral. A partir da construção de gestos, as questões para avaliação giram em torno da definição de papel social e da modificação do gesto através da História.

A combinação entre a parte fixa – texto – e a parte móvel – jogo teatral – propõe que o controle sobre a aprendizagem não ocorre de forma fechada ou previsível. Embora as questões suscitadas pelo texto constituam a moldura, o modelo de ação é tematizado através da parte móvel.

Outro momento da relação dialética entre jogo teatral e texto pode ser exemplificado através dos jogos de apropriação, quando o texto é lido, simultaneamente, em voz alta, caminhando no espaço. Ao "brincar" com o texto, hábitos de "leitura escolar" arraigados são superados, em função da integração dos planos de percepção físicos e intelectuais. A percepção sensório-corporal, realizada concomitantemente com a leitura (os textos não devem ser decorados), causa um novo olhar frente ao discurso e à ação de falar.

Um exemplo desse procedimento pode ser encontrado no filme *Sociedade dos Poetas Mortos*, de Peter Weill, na cena onde o texto de Shakespeare é falado pelos adolescentes que estão jogando futebol.

Nos jogos de apropriação do texto, seu significado permanece em aberto. Não procedemos a uma análise do texto buscando uma interpretação. No primeiro momento são buscadas percepções individuais de seu conteúdo.

A importância do aquecimento sensório-corporal para a tematização do texto precisa ser aqui sublinhada. Nas oficinas pedagógicas, a tematização nasce das instruções introduzidas nos jogos de percepção sensório-corporais, que preparam os jogos teatrais com os fragmentos.

Os jogos teatrais com o texto levam os jogadores a construir atitudes associais, convertendo-as no objeto principal da tematização do fragmento.

As atitudes corporais nunca são estáticas ou claramente definíveis; elas são antes contraditórias e se modificam em conformidade com diferenças histórico-culturais, que determinam diferentes regras de comportamento. Tais regras precisam ser aprendidas por cada indivíduo, e a sua interiorização é um elemento essencial de aculturação e socialização. Este código é em grande parte aceito de forma pré-consciente, sendo difícil trazê-lo para a consciência, na medida em que determinadas leis do comportamento corporal não são percebidas como normas, mas sim como naturais.

Se o corpo é um produto cultural, então as estruturas de alienação, presentes na sociedade, também deixam marcas sobre esse corpo – numa sociedade onde existe a alienação do homem em relação à produção, também a relação do sujeito com o corpo passa por essa perda de identidade.

121

Para Foucault (Foucault, 1987), as estratégias de dominação do corpo constituem o próprio instrumento das relações de poder na estrutura social. A censura corporal é um mecanismo sem o qual o sistema de produção da sociedade moderna nem poderia funcionar. Desde o advento do Iluminismo e através do desenvolvimento da sociedade técnico-industrial, a práxis pedagógica desenvolveu uma variedade de métodos para disciplinar o ser humano, principalmente as crianças, em função de uma produtividade mais efetiva. Em relação ao corpo, estes métodos têm por objetivo o controle da atividade corporal e a submissão de suas forças. A anatomia do corpo foi submetida à regulação do tempo. As necessidades corporais devem ser reprimidas durante o tempo do trabalho e satisfeitas exclusivamente nas pausas previstas. Este princípio, imposto a duras penas no século XVIII e XIX, resulta para nós como resistência corporal, sendo que se torna necessário reconquistar o contato perdido com o nosso corpo e as nossas necessidades físicas.

O princípio de organização, na nossa civilização, faz com que percebamos o corpo apenas como cansaço, doença, estresse. A cultura ocidental desenvolveu um modo de vida extremamente agressivo com relação ao corpo. As refeições diárias perderam o caráter comunicativo e prazeroso. A cultura McDonald reduz o processo de alimentação a um mero ato de ingestão de alimentos. Outro exemplo é a linha de produção, onde a atividade do homem é reduzida a algumas ações de rotina dentro de um ritmo determinado. No trânsito, reagimos mecanicamente a sinais, tempo, normas. Estamos eternamente submetidos ao ritmo do seu escoamento. Na escola, o tempo é fragmentado, sem que haja qualquer relação entre o conteúdo e as necessidades de professores e alunos. Durante a aula, os corpos devem ser disciplinados. Principalmente as crianças sofrem intensamente com a falta de movimento, que gradativamente elimina as necessidades naturais.

Nos jogos teatrais com as cenas do fragmento de Brecht, as atitudes associais, resultantes desse processo de alienação, foram analisadas e experimentadas corporalmente, buscando-se o contexto de sua origem e de seus efeitos

N. Andry (1749). A ortopedia ou a arte de prevenir e corrigir nas crianças as deformidades do corpo (Foucault, 1987).

sobre o comportamento individual. A tendência para ignorar, reprimir e racionalizar as atitudes associais no nosso cotidiano é grande. Ao serem identificadas, imitadas, estranhadas e discutidas no experimento estético, elas puderam ser submetidas a exame.

O diálogo do texto dramático passou a ser uma das partes das ações produzidas pelos jogadores. O texto era material para o jogo ao mesmo tempo em que ele era objeto de investigação, examinado fisicamente, através da representação simbólica de gestos. As atitudes foram submetidas a exame através da linguagem gestual.

Aliado à ação lúdica, o princípio da *fisicalização* (Spolin, 1979) não permitia o escamoteamento na investigação sobre as relações dos homens entre os homens. No processo de ensino com os jogos teatrais, a abordagem intelectual ou psicológica foi substituída por um processo de conhecimento físico. A matéria do teatro – o gesto – foi experimentada fisicamente no jogo. A conquista gradativa de expressão física impulsionava o processo de conhecimento. A realidade simbolizada adquiria textura e substância.

O conceito de *gestus* desempenha um papel-chave na estética teatral de Brecht. Embora esse conceito seja utilizado de forma recorrente na literatura crítica sobre o teatro épico, vemo-lo muitas vezes reduzido a mera fórmula, que não considera o processo de conhecimento que promove.

Enquanto princípio de construção estética, nas encenações das peças épicas de espetáculo, o *gestus* abrange o trabalho do ator, do dramaturgo, do músico, do cenógrafo – dentro da concepção brechtiana do teatro como *ensemble* das artes. Nesse sentido, o conceito de *gestus* pode referir-se à entoação de uma palavra, ao enunciado de uma frase, a um movimento de mão, a uma atitude corporal, a uma seqüência de sons na música, a um ritmo, a um objeto de cena, a uma ação, ao ritmo das palavras, à estrutura das frases, ao embate de tons, à seqüência de palavras e linhas em uma poesia.

Geralmente são atribuídos diferentes significados para o *gestus*, que acentuam o seu caráter formal ou sociológico, em detrimento da sua origem, que é física. O risco dessas definições é perderem o corpo, em função do conceito.

124

No processo pedagógico, a origem física do *gestus* precisa ser resgatada, com o objetivo de instaurar novamente o processo de criação que lhe deu origem.

A natureza do *gestus* é dialética, justamente pelo fato de ser simultaneamente símbolo e ação física. É o que lhe confere o estatuto de *Gestische Sprache (linguagem gestual)*, de acordo com Brecht.

No poema *Teatro do Cotidiano* (Brecht, 1986), descreve como esse processo de pensamento prático se organiza. No ensaio *Cena de Rua* (Brecht, 1967), tira as conseqüências do teatro do cotidiano para as formas de procedimento e a estética do teatro épico.

A cena de rua é eleita por Brecht como modelo de uma cena de teatro épico, não existindo diferença elementar entre o teatro épico artístico e o teatro épico natural.

O teatro passa a ser o espaço do *Filósofo* (no sentido de Brecht), que reflete sobre os processos históricos para exercer uma ação sobre eles. O conceito de *gestus* exerce justamente neste ponto nevrálgico ou neste campo de tensão entre os estados estéticos e históricos, a sua importância primordial.

De acordo com Wekwerth: "[...] através do *gestus* cada estado de coisas no palco se transforma em um símbolo do comportamento humano, portanto em teatro" (Wekwerth, 1974).

Eisler, em um depoimento (Ritter, 1986), diz que o *gestus*: "[...] um conceito do qual Brecht já me falava em 1924 [...] é uma das descobertas geniais de Brecht".

Também Benjamin acentua, em seus estudos sobre a teoria do teatro épico, a natureza essencial do *gestus*: "O teatro épico é gestual. A rigor, o gesto é o material e o teatro épico a utilização adequada desse material" (Benjamin, 1981).

De acordo com Hans Martin Ritter (Ritter, 1986), o conceito de *gestus* possui uma qualidade sintética e uma qualidade analítica. A qualidade sintética do *gestus* reagrupa as manifestações do comportamento humano, enquanto a sua qualidade analítica retira de uma determinada manifestação frases e atitudes singulares. A singularidade assu-

125

me significado dentro de uma ação mais abrangente. Ela é contextualizada.

Na qualidade analítica do *gestus* está contida, simultaneamente, sua qualidade sintética, na medida em que os gestos tornam-se características singulares das relações entre os homens.

A função essencial do *gestus* é resgatar a relação entre a singularidade e a contextualidade (História). Através do desenvolvimento do conceito de *gestus*, Brecht criou uma didática que pode ser utilizada em diferentes direções. Ela pode apreender contextos sociais, abrangendo simultaneamente a singularidade e a concretude na sua relação com o tempo. Ao mesmo tempo em que o conhecimento é conquistado na sua dimensão sensório-corporal, através da reordenação das singularidades, o experimento estético permite a investigação do contexto histórico.

O gesto não interrompe apenas a lógica do pensamento linear / cartesiano, como também se movimenta, enquanto linguagem, contra a própria língua. O gesto modifica o conteúdo da fala.

A abordagem de textos através do jogo teatral poderia ser experimentada, potencialmente, com todo texto literário. No entanto, as peças didáticas de Brecht nos parecem especialmente apropriadas para esse processo de conhecimento, que busca unir o plano sensório-corporal com o plano cognitivo. Vamos argumentar através de três aspectos, que diferenciam o texto da peça didática de outros textos.

Diferentemente das características naturalistas e psicológicas de outros textos literários, a elaboração estética da experiência está presente nessa forma poética através da metáfora. A metáfora não é uma cópia, porém um recorte da realidade representada. As peças didáticas movimentam-se em um plano de abstração médio, que constantemente provoca no leitor / jogador uma atitude ativa.

Os textos das peças didáticas exigem a alternância entre *identificação* e *estranhamento*. De acordo com Brecht: "[...] justamente a forma mais árida, a peça didática, provoca efeitos os mais emocionais" (Steinweg, 1972).

No jogo com a peça didática, não ocorre apenas uma identificação intelectual / emocional, como também física, sem a qual não poderia haver imitação. A diferença com a identificação tradicional reside não apenas na relação sujeito / objeto do teatro tradicional. Na peça didática, a interação não se dá mais entre palco e platéia, e sim entre os atuantes do texto. O sujeito da identificação não é mais o "herói" psicológico. A consciência nasce no processo de interação entre os sujeitos da ação dramática, os autores / atores do ato artístico coletivo, o qual instaura o processo de conhecimento.

A experiência histórica, concretizada fisicamente, é relacionada com as experiências do cotidiano dos jogadores. A percepção sensório-corporal, que instrui o processo de produção do texto coletivo, atualiza o texto poético. A linguagem poética e gestual conferem ao texto uma existência física, a ser materializada no espaço e no tempo.

O processo de visualização de gestos através do jogo teatral esclarece o material literário. A variedade de soluções buscadas através do jogo é fundamental para o processo de conhecimento, ao mesmo tempo em que a multiplicidade e o caráter multifacetado das formas expressivas produzidas constituem uma resistência a soluções fáceis que escamoteariam as questões tematizadas.

O caráter estético do experimento com a peça didática é uma condição para alcançar objetivos pedagógicos. O que diferencia o ato artístico coletivo com o modelo de ação brechtiano é o princípio do estranhamento, que incorpora o sensório e o racional, provocando a experiência estética.

BIBLIOGRAFIA

ANDRADE, Mario de (1982). *Danças Dramáticas no Brasil*. Belo Horizonte, Itatiaia, Brasilia, INL – Fundação Nacional Pró-Memória.

BENJAMIN, Walter (1981). *Versuche Über Brecht*. Frankfurt, Suhrkamp.

BRECHT, Bertolt (1967). *Gesammelte Werke*. Frankfurt, Suhrkamp.

_____ (1967). *Teatro Dialético*. Sel. e Trad. Luiz Carlos Maciel, Rio de Janeiro, Civilização Brasileira.

_____ (1988-1995). *Teatro Completo de Bertolt Brecht*. Rio de Janeiro, Paz e Terra.

_____ (1968). *Der Böse Baal, Der Assoziale*. Texte, Varianten, Materialien. Frankfurt, Suhrkamp.

_____ (1989). *Histórias do Sr. Keuner*. Trad. Paulo Cesar Souza, São Paulo, Brasiliense.

_____ (1986). *Poemas 1913-1956*. Sel. e Trad. Paulo Cesar Souza, São Paulo, Brasiliense.

_____ (1973). *Arbeitsjournal*. Editado por Werner Hecht. Frankfurt, Suhrkamp.

_____ (1930). *Versuche*, Heft 1, Berlim.

_____ (1967). *Übungsstücke Für Schauspieler* (GW 7, 3003-2027).

BRUEGHEL, Peter (1525-1569). *Children's Plays*, óleo sobre tela 118 x 161 cm. Kunsthistorisches Museum Leipzig.

EISLER, Hans (1986). Em depoimento prestado a Hans Bunge, in: RITTER, Hans Martin. *Das Gestische Prinzip Bei Bertolt Brecht*. Köln, Promethverlag.

FOUCAULT, Michel (1987). *Vigiar e Punir*. Trad. Ligia M. Pondé Vassallo, Petrópolis, Vozes.

KOUDELA, Ingrid Dormien (1984). *Jogos Teatrais*. São Paulo, Perspectiva.

_____ (1991). *Brecht: Um Jogo de Aprendizagem*. Edusp, Perspectiva.

_____ (1992). *Um Vôo Brechtiano*. Teoria e Prática da Peça Didática. São Paulo, FAPESP / Perspectiva.

_____ e GUINSBURG, Jacó (1992). "O Teatro da Utopia: Utopia do Teatro?", in: SILVA, Armando Sérgio da (org.). *Diálogos sobre Teatro*. São Paulo, Edusp, pp. 141-160.

LANGER, Susanne (1971). *Filosofia em Nova Chave*. Trad. Jacó Guinsburg e Janete Meiches, São Paulo, Perspectiva.

MACEDO, Lino de (1993). "O Construtivismo e sua Função Educacional", *Educação e Realidade*. Porto Alegre, n. 18, jan-jun, pp. 25-31.

MONOD, Richard (1986). *Animation, Théâtre et Societé*. Paris, CNRS.

PIAGET, Jean (1975). *A Formação do Símbolo na Criança*. Trad. Álvaro Cabral, Rio de Janeiro, Zahar.

_____ (1982). *A Psicologia da Criança*. Trad. Otávio Mendes Cajado, São Paulo, DIFEL.

_____ (1977). *O Julgamento Moral na Criança*. Trad. Elzon Lenardon, São Paulo, Mestre Jou.

RITTER, Hans Martin (1986). *Das Gestische Prinzip Bei Bertolt Brecht*. Köln, Promethverlag.

SHAW, Ann Marie (1968). "The Development of a Taxonomy of Educational Objectives in Creative Dramatics in the United States based on Selected Writings in the Field". Tese de Doutoramento apresentada à Columbia University.

SLADE, Peter (1970). *O Jogo Dramático Infantil*. Trad. Tatiana Belinsky, São Paulo, Summus.

_____ (1954). *Child Drama*. London, University of London Press.

SPOLIN Viola (1979). *Improvisação para o Teatro*. Apres. Ingrid D. Koudela. Trad. Eduardo Amos e Ingrid D. Koudela. São Paulo, Perspectiva.

STEINWEG, Reiner (1972). *Das Lehrstück*. Brechts Theorie einer politisch-ästhetischen Erziehung. Stuttgart, Metzler.

_____ (1986). *Weil Wir Ohne Waffen Sind*. Ein theaterpädagogisches Forschungsprojekt zur politischen Bildung. Frankfurt, Brandes & Apsel.

_____ (1995). *Lehrstück und Episches Theater*. Brechts Theorie und die theaterpädagogische Praxis. Frankfurt, Brandes & Apsel.

WARD, Winifred (1957). *Playmaking with Children*. New York, Appleton Century Crofts.

WEKWERTH, Manfred (1974). *Theater und Wissenschaft*. München, Carl-Hauser Verlag.

TEATRO NA DEBATES

O Sentido e a Máscara
  Gerd A. Bornheim (D008)
A Tragédia Grega
  Albin Lesky (D032)
Maiakóvski e o Teatro de Vanguarda
  Angelo Maria Ripellino (D042)
O Teatro e sua Realidade
  Bernard Dort (D127)
Semiologia do Teatro
  J. Guinsburg, J. T. Coelho Netto e Reni C.
  Cardoso (orgs.) (D138)
Teatro Moderno
  Anatol Rosenfeld (D153)
O Teatro Ontem e Hoje
  Célia Berrettini (D166)
Oficina: Do Teatro ao Te-Ato
  Armando Sérgio da Silva (D175)
O Mito e o Herói no Moderno Teatro Brasileiro
  Anatol Rosenfeld (D179)
Natureza e Sentido da Improvisação Teatral
  Sandra Chacra (D183)
Jogos Teatrais
  Ingrid D. Koudela (D189)
Stanislávski e o Teatro de Arte de Moscou
  J. Guinsburg (D192)
O Teatro Épico
  Anatol Rosenfeld (D193)
Exercício Findo
  Décio de Almeida Prado (D199)
O Teatro Brasileiro Moderno
  Décio de Almeida Prado (D211)
Qorpo-Santo: Surrealismo ou Absurdo?
  Eudinyr Fraga (D212)

Performance como Linguagem
  Renato Cohen (D219)
Grupo Macunaíma: Carnavalização e Mito
  David George (D230)
Bunraku: Um Teatro de Bonecos
  Sakae M. Giroux e Tae Suzuki (D241)
No Reino da Desigualdade
  Maria Lúcia de Souza B. Pupo (D244)
A Arte do Ator
  Richard Boleslavski (D246)
Um Vôo Brechtiano
  Ingrid D. Koudela (D248)
Prismas do Teatro
  Anatol Rosenfeld (D256)
Teatro de Anchieta a Alencar
  Décio de Almeida Prado (D261)
A Cena em Sombras
  Leda Maria Martins (D267)
Texto e Jogo
  Ingrid D. Koudela (D271)
O Drama Romântico Brasileiro
  Décio de Almeida Prado (D273)
Para Trás e Para Frente
  David Ball (D278)
Brecht na Pós-Modernidade
  Ingrid D. Koudela (D281)
O Teatro É Necessário?
  Denis Guénoun (D298)
O Teatro do Corpo Manifesto: Teatro Físico
  Lúcia Romano (D301)
O Melodrama
  Jean-Marie Thomasseau (D303)
Teatro com Meninos e Meninas de Rua

Marcia Pompeo Nogueira (D312)

O Pós-Dramático: Um conceito Operativo?
J. Guinsburg e Sílvia Fernandes (orgs.) (D314)

Contar Histórias com o Jogo Teatral
Alessandra Ancona de Faria (D323)

Teatro no Brasil
Ruggero Jacobbi (D327)

40 Questões Para um Papel
Jurij Alschitz (D328)

Teatro Brasileiro: Ideias de uma História
J. Guinsburg e Rosangela Patriota (D329)

Dramaturgia: A Construção da Personagem
Renata Pallottini (D330)

Caminhante, Não Há Caminho. Só Rastros
Ana Cristina Colla (D331)

Ensaios de Atuação
Renato Ferracini (D332)

A Vertical do Papel
Jurij Alschitz (D333)

Máscara e Personagem: O Judeu no Teatro Brasileiro
Maria Augusta de Toledo Bergerman (D334)

Teatro em Crise
Anatol Rosenfeld (D336)

Estética e Teatro Alemão
Anatol Rosenfel (D340)

João Caetano
Décio de Almeida Prado (E011)

Mestres do Teatro I
John Gassner (E036)

Mestres do Teatro II
John Gassner (E048)

Artaud e o Teatro
Alain Virmaux (E058)

Improvisação para o Teatro
Viola Spolin (E062)

Jogo, Teatro & Pensamento
Richard Courtney (E076)

Teatro: Leste & Oeste
Leonard C. Pronko (E080)

Uma Atriz: Cacilda Becker
Nanci Fernandes e Maria T. Vargas (orgs.) (E086)

TBC: Crônica de um Sonho
Alberto Guzik (E090)

Os Processos Criativos de Robert Wilson
Luiz Roberto Galizia (E091)

Nelson Rodrigues: Dramaturgia e Encenações
Sábato Magaldi (E098)

José de Alencar e o Teatro
João Roberto Faria (E100)

Sobre o Trabalho do Ator
M. Meiches e S. Fernandes (E103)

Arthur de Azevedo: A Palavra e o Riso
Antonio Martins (E107)

O Texto no Teatro
Sábato Magaldi (E111)

Teatro da Militância
Silvana Garcia (E113)

Brecht: Um Jogo de Aprendizagem
Ingrid D. Koudela (E117)

O Ator no Século XX
Odette Aslan (E119)

Zeami: Cena e Pensamento Nô
Sakae M. Giroux (E122)

Um Teatro da Mulher
Elza Cunha de Vincenzo (E127)

Concerto Barroco às Óperas do Judeu
Francisco Maciel Silveira (E131)

Os Teatros Bunraku e Kabuki
Darci Kusano (E133)

O Teatro Realista no Brasil: 1855-1865
João Roberto Faria (E136)

Antunes Filho e a Dimensão Utópica
Sebastião Milaré (E140)

O Truque e a Alma
Angelo Maria Ripellino (E145)

A Procura da Lucidez em Artaud
Vera Lúcia Felício (E148)

Memória e Invenção: Gerald Thomas em Cena
Sílvia Fernandes (E149)

O Inspetor Geral *de Gógol/Meyerhold*
Arlete Cavaliere (E151)

O Teatro de Heiner Müller
Ruth C. de O. Röhl (E152)

Falando de Shakespeare
Barbara Heliodora (E155)

Moderna Dramaturgia Brasileira
Sábato Magaldi (E159)

Work in Progress na Cena Contemporânea
Renato Cohen (E162)

Stanislávski, Meierhold e Cia
J. Guinsburg (E170)

Apresentação do Teatro Brasileiro Moderno
Décio de Almeida Prado (E172)

Da Cena em Cena
J. Guinsburg (E175)

O Ator Compositor
Matteo Bonfitto (E177)

Ruggero Jacobbi
Berenice Raulino (E182)

Papel do Corpo no Corpo do Ator
Sônia Machado Azevedo (E184)
O Teatro em Progresso
Décio de Almeida Prado (E185)
Édipo em Tebas
Bernard Knox (E186)
Depois do Espetáculo
Sábato Magaldi (E192)
Em Busca da Brasilidade
Claudia Braga (E194)
A Análise dos Espetáculos
Patrice Pavis (E196)
As Máscaras Mutáveis do
Buda Dourado
Mark Olsen (E207)
Crítica da Razão Teatral
Alessandra Vannucci (E211)
Caos e Dramaturgia
Rubens Rewald (E213)
Para Ler o Teatro
Anne Ubersfeld (E217)
Entre o Mediterrâneo e o Atlântico
Maria Lúcia de Souza B. Pupo (E220)
Yukio Mishima: O Homem de Teatro e de Cinema
Darci Kusano (E225)
O Teatro da Natureza
Marta Metzler (E226)
Margem e Centro
Ana Lúcia V. de Andrade (E227)
Ibsen e o Novo Sujeito da Modernidade
Tereza Menezes (E229)
Teatro Sempre
Sábato Magaldi (E232)
O Ator como Xamã
Gilberto Icle (E233)
A Terra de Cinzas e Diamantes
Eugenio Barba (E235)
A Ostra e a Pérola
Adriana Dantas de Mariz (E237)
A Crítica de um Teatro Crítico
Rosangela Patriota (E240)
O Teatro no Cruzamento de Culturas
Patrice Pavis (E247)
Eisenstein Ultrateatral: Movimento Expressivo
e Montagem de Atrações na Teoria do
Espetáculo de Serguei Eisenstein
Vanessa Teixeira de Oliveira (E249)
Teatro em Foco
Sábato Magaldi (E252)
A Arte do Ator entre os Séculos XVI e XVIII
Ana Portich (E254)

O Teatro no Século XVIII
Renata S. Junqueira e Maria Gloria C. Mazzi
(orgs.) (E256)
A Gargalhada de Ulisses
Cleise Furtado Mendes (E258)
Dramaturgia da Memória no Teatro-Dança
Lícia Maria Morais Sánchez (E259)
A Cena em Ensaios
Béatrice Picon-Vallin (E260)
Teatro da Morte
Tadeusz Kantor (E262)
Escritura Política no Texto Teatral
Hans-Thies Lehmann (E263)
Na Cena do Dr. Dapertutto
Maria Thais (E267)
A Cinética do Invisível
Matteo Bonfitto (E268)
Luigi Pirandello:
Um Teatro para Marta Abba
Martha Ribeiro (E275)
Teatralidades Contemporâneas
Sílvia Fernandes (E277)
Conversas sobre a Formação do Ator
Jacques Lassalle e Jean-Loup Rivière (E278)
A Encenação Contemporânea
Patrice Pavis (E279)
As Redes dos Oprimidos
Tristan Castro-Pozo (E283)
O Espaço da Tragédia
Gilson Motta (E290)
A Cena Contaminada
José Tonezzi (E291)
A Gênese da Vertigem
Antonio Araújo (E294)
A Fragmentação da Personagem no Texto Teatral
Maria Lúcia Levy Candeias (E297)
Alquimistas do Palco: Os Laboratórios Teatrais
na Europa
Mirella Schino (E299)
Palavras Praticadas: O Percurso Artístico de
Jerzy Grotowski, 1959-1974
Tatiana Motta Lima (E300)
Persona Performática: Alteridade e Experiência
na Obra de Renato Cohen
Ana Goldenstein Carvalhaes (E301)
Como Parar de Atuar
Harold Guskin (E303)
Metalinguagem e Teatro: A Obra de Jorge Andrade
Catarina Sant Anna (E304)
Enasios de um Percusro
Esther Priszkulnik (E306)

Função Estética da Luz
Roberto Gill Camargo (E307)

Poética de "Sem Lugar"
Gisela Dória (E311)

Entre o Ator e o Performer
Matteo Bonfitto (E316)

A Missão Italiana: Histórias de uma Geração de Diretores Italianos no Brasil
Alessandra Vannucci (E318)

Além dos Limites: Teoria e Prática do Teatro
Josette Féral (E319)

Ritmo e Dinâmica no Espetáculo Teatral
Jacyan Castilho (E320)

A Voz Articulada Pelo Coração
Meran Vargens (E321)

Beckett e a Implosão da Cena
Luiz Marfuz (E322)

Teorias da Recepção
Claudio Cajaiba (E323)

A Dança e Agit-Prop
Eugenia Casini Ropa (E329)

O Soldado Nu: Raízes da Dança Butô
Éden Peretta (E332)

Teatro Hip-Hop
Roberta Estrela D'Alva (E333)

Alegoria em Jogo: A Encenação Como Prática Pedagógica
Joaquim C.M. Gama (E335)

Jorge Andrade: Um Dramaturgo no Espaço-Tempo
Carlos Antônio Rahal (E336)

Campo Feito de Sonhos: Os Teatros do Sesi
Sônia Machado de Azevedo (E339)

Os Miseráveis Entram em Cena: Brasil, 1950-1970
Marina de Oliveira (E341

Teatro: A Redescoberta do Estilo e Outros Escritos
Michel Saint-Denis (E343)

Isto Não É um Ator
Melissa Ferreira (E344)

Autoescrituras Performativas: Do Diário à Cena
Janaina Fontes Leite (E351)

Do Grotesco e do Sublime
Victor Hugo (EL05)

O Cenário no Avesso
Sábato Magaldi (EL10)

A Linguagem de Beckett
Célia Berrettini (EL23)

Idéia do Teatro
José Ortega y Gasset (EL25)

O Romance Experimental e o Naturalismo no Teatro
Emile Zola (EL35)

Duas Farsas: O Embrião do Teatro de Molière
Célia Berrettini (EL36)

Giorgio Strehler: A Cena Viva
Myriam Tanant (EL65)

Marta, A Árvore e o Relógio
Jorge Andrade (T001)

O Dibuk
Sch. An-Ski (T005)

Leone de'Sommi: Um Judeu no Teatro da Renascença Italiana
J. Guinsburg (org.) (T008)

Urgência e Ruptura
Consuelo de Castro (T010)

Pirandello do Teatro no Teatro
J. Guinsburg (org.) (T011)

Canetti: O Teatro Terrível
Elias Canetti (T014)

Idéias Teatrais: O Século XIX no Brasil
João Roberto Faria (T015)

Heiner Müller: O Espanto no Teatro
Ingrid D. Koudela (org.) (T016)

Büchner: Na Pena e na Cena
J. Guinsburg e Ingrid Dormien Koudela (orgs.) (T017)

Teatro Completo
Renata Pallottini (T018)

Barbara Heliodora: Escritos sobre Teatro
Claudia Braga (org.) (T020)

Machado de Assis: Do Teatro
João Roberto Faria (org.) (T023)

Luís Alberto de Abreu: Um Teatro de Pesquisa
Adélia Nicolete (org.) (T025)

Teatro Espanhol do Século de Ouro
J. Guinsburg e N. Cunha (orgs.) (T026)

Tatiana Belinky: Uma Janela para o Mundo
Maria Lúcia de S. B. Pupo (org.) (T28)

Peter Handke: Peças Faladas
Samir Signeu (org.) (T030)

Dramaturgia Elizabetana
Barbara Heliodora (org.) (T033)

Um Encenador de si Mesmo: Gerald Thomas
J. Guinsburg e Sílvia Fernandes (s021)

Três Tragédias Gregas
Guilherme de Almeida e Trajano Vieira (s022)

Édipo Rei de Sófocles
Trajano Vieira (s031)

As Bacantes de Eurípides
Trajano Vieira (s036)

Édipo em Colono de Sófocles
Trajano Vieira (s041)

Agamêmnon de Ésquilo

Trajano Vieira (SO46)
Antígone de Sófocles
Trajano Vieira (SO49)
Lisístrata e Tesmoforiantes
Trajano Vieira (SO52)
Os Persas de Ésquilo
Trajano Vieira (S55)
Teatro e Sociedade: Shakespeare
Guy Boquet (KO15)
*Alda Garrido: As Mil Faces de uma Atriz
Popular Brasileira*
Marta Metzler (PERS)
Caminhos do Teatro Ocidental
Barbara Heliodora (PERS)
*O Cotidiano de uma Lenda: Cartas do Teatro de
Arte de Moscou*
Cristiane L. Takeda (PERS)
Eis Antonin Artaud
Florence de Mèredieu (PERS)
Eleonora Duse: Vida e Obra
Giovanni Pontiero (PERS)
Linguagem e Vida
Antonin Artaud (PERS)
Ninguém se Livra de seus Fantasmas
Nydia Licia (PERS)
Sábato Magaldi e as Heresias do Teatro
Maria de Fátima da Silva Assunção (PERS)
Vsévolod Meierhold: Ou a Invenção da Cena
Gérard Abensour (PERS)
Ziembinski, Aquele Bárbaro Sotaque Polonês
Aleksandra Pluta (PERS)
Macunaíma no Palco
*Nissim Castiel: Do Teatro da Vida Para o Teatro
da Escola*
Debora Hummel e Luciano Castiel (orgs.) (MPO1)
O Grande Diário do Pequeno Ator
Debora Hummel e Silvia de Paula (orgs.) (MPO2)
Um Olhar Através de... Máscaras
Renata Kamla (MPO3)
Performer Nitente
Adriano Cypriano (MPO4)
O Gesto Vocal
Mônica Andréa Grando (MPO5)
*Stanislávski em Processo: Um Mês no
Campo –Turguêniev*
Simone Shuba (MPO6)
A Incorporação Vocal do Texto
Marcela Grandolpho (MPO7)
O Ator no Olho do Furacão
Eduardo de Paula (MPO7)

O Livro dos Viewpoints
Anne Bogart e Tina Landau (PCO1)
Treinamento Para Sempre
Jurij Alschitz (PCO2)
Br-3
Teatro da Vertigem (LSC)
Com os Séculos nos Olhos
Fernando Marques (LSC)
Dicionário de Teatro
Patrice Pavis (LSC)
Dicionário do Teatro Brasileiro
J. Guinsburg, João Roberto Faria e
Mariangela Alves de Lima (coords.) (LSC)
*História do Teatro Brasileiro, v. 1:
Das Origens ao Teatro Profissional da Primeira
Metade do Século XX*
João Roberto Faria (DIR.) (LSC)
*História do Teatro Brasileiro, v. 2:
Do Modernismo às Tendências Contemporâneas*
João Roberto Faria (DIR.) (LSC)
História Mundial do Teatro
Margot Berthold (LSC)
O Jogo Teatral no Livro do Diretor
Viola Spolin (LSC)
Jogos Teatrais: O Fichário de Viola Spolin
Viola Spolin (LSC)
Jogos Teatrais na Sala de Aula
Viola Spolin (LSC)
Léxico de Pedagogia do Teatro
Ingrid Dormien Koudela; José Simões de
Almeida Junior (coords.)(LSC)
Meierhold
Béatrice Picon-Vallin (LSC)
Queimar a Casa: Origens de um Diretor
Eugenio Barba (LSC)
*Rastros: Treinamento e História de Uma Atriz
do Odin Teatret*
Roberta Carreri (LSC)
Teatro Laboratório de Jerzy Grotowsky
Ludwik Flaszen e Carla Pollastrelli (cur.)
(LSC)
Últimos: Comédia Musical em Dois Atos
Fernando Marques (LSC)
*Uma Empresa e seus Segredos: Companhia
Maria Della Costa*
Tania Brandão (LSC)
Zé
Fernando Marques (LSC)
Rumo a um Novo Teatro &Cena
Edward Gordon Craig (LSC)

Este livro foi impresso na cidade de Cotia,
nas oficinas da Meta Brasil,
para a Editora Perspectiva.